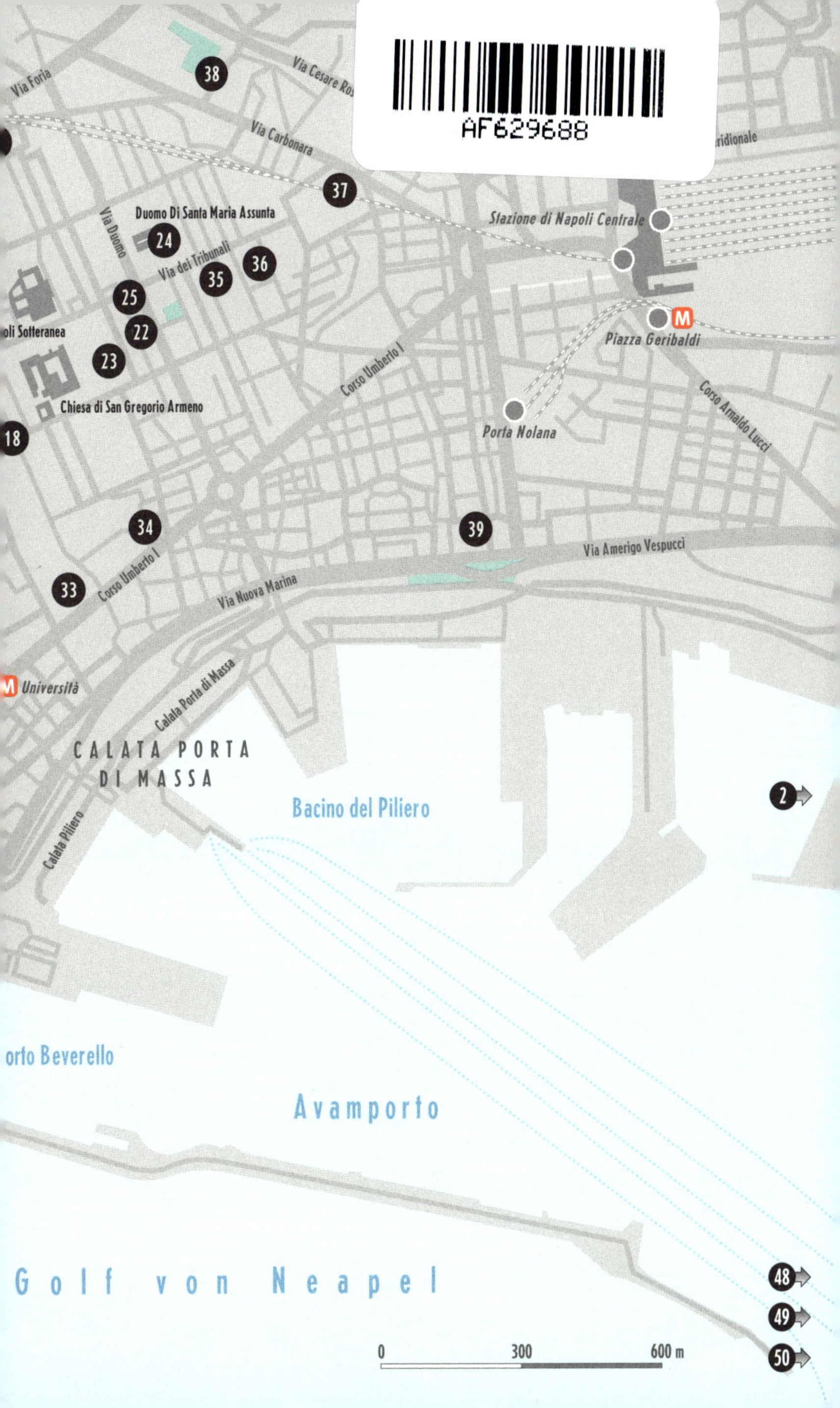
Via Foria
38
Via Cesare Ros
Via Carbonara
ridionale
37
Stazione di Napoli Centrale
Via Duomo
Duomo Di Santa Maria Assunta
24
Via dei Tribunali
36
35
25
oli Sotterranea
22
23
Piazza Geribaldi
Corso Umberto I
Chiesa di San Gregorio Armeno
Porta Nolana
Corso Arnaldo Lucci
18
34
39
Via Amerigo Vespucci
33
Corso Umberto I
Via Nuova Marina
Università
Calata Porta di Massa
CALATA PORTA
DI MASSA
Bacino del Piliero
2
Calata Piliero
orto Beverello
Avamporto
Golf von Neapel
48
49
0
300
600 m
50

insel taschenbuch 4627

Maria Carmen Morese

Neapel – Lieblingsorte

LIEBLINGSORTE

Insel

NEAPEL

MARIA CARMEN MORESE

Erste Auflage 2018
insel taschenbuch 4627
Originalausgabe

Vertrieb durch den Suhrkamp Taschenbuch Verlag
Umschlaggestaltung und Layout: Marion Blomeyer, München
Illustrationen: Ryo Takemasa, Tokio
Karten: Peter Palm, Berlin
Satz: Greiner & Reichel, Köln
Druck: CPI – Ebner & Spiegel, Ulm
Printed in Germany
ISBN 978-3-458-36327-9

INHALTSVERZEICHNIS

I luoghi del cuore, Neapel für Verliebte

Neapel, Ziel aller Hochzeitsreisenden. Ist das so? Zumindest war der französische Romancier Gustave Flaubert im 19. Jahrhundert davon überzeugt. Auch im dritten Jahrtausend lohnt es sich für Verliebte und alle, die es werden wollen, nach Neapel zu reisen. Das Mindeste, was einem passieren kann, ist, dass man sich unsterblich in die Stadt verliebt. Nicht zufällig sagt man, dass Neapel auf dem Grab einer Verführerin, der Sirene Parthenope entstanden ist.

Napoli 'e mille culure, Neapel besteht aus tausend Farben, sang der Musiker Pino Daniele. Neapel hat auch tausend Gesichter, und tatsächlich kann jeder Reisende seine eigene Lieblingsfacette entdecken: in den Prachtvillen am Meer, auf den lavaverkrusteten Pfaden des Vesuvs, im Boot oder im Kanu auf den Wellen, am Hügel unter Pinien, in den Gassen der Altstadt, in den unterirdischen Grotten oder während der heidnisch-katholischen Rituale im Spanischen Viertel. Oder lieber quer durch die Stadt auf den literarischen Fußstapfen der Bestseller-Autorin Elena Ferrante?

Meine Lieblingsorte habe ich hier zusammengestellt. »Hoffentlich hast du aber … nicht vergessen …?«, haben mich meine Freunde während der Vorbereitung dieses Buches immer wieder auf Geheimtipps hingewiesen. Ich kann sie alle beruhigen: Ich habe nichts vergessen, habe nur ausgewählt, was mein Herz jeden Tag mit großer Freude erfüllt – ich bin mir sicher, dass auch die Leser einige meiner *luoghi del cuore* in ihr Herz schließen werden. Und wer weiß … vielleicht wird mancher sogar unter dem neapolitanischen Himmel einen neuen Freund bzw. eine neue Freundin kennenlernen oder sich in ihren Liebsten / ihre Liebste neu verlieben. Wollen wir wetten?

PS: Schreiben Sie mir im unwahrscheinlichen Fall, dass ich die Wette verloren habe ...

Chiaia, Mergellina, Posillipo

1

Die *befreite* Uferpromenade

Man war nicht in Neapel, wenn man den *lungomare* nicht gesehen hat. Buchstäblich »am Meer entlang« läuft man von der zentral gelegenen Piazza del Plebiscito aus bis Mergellina, dort, wo die Straße in Richtung Posillipo-Hügel leicht ansteigt. Immer am Meer. Und das sechs Kilometer lang!

Der klassische Spaziergang beginnt an der Via Cesario Console. Die Statue des Augustus salutiert ... nein, nicht uns, sondern seiner Majestät, dem Vesuv. Unsere Blicke richten sich nun auf eines der schönsten Panoramen, die Italien zu bieten hat. Die Aussicht auf die Bucht mit dem Vulkan im Hintergrund hat die Stadt weltweit bekannt gemacht. Besonders herrlich ist es hier eine Stunde vor Sonnenuntergang, wenn der Vesuv sich ein Kleid aus rosafarbener und violetter Seide anzieht. Eine unbeschreibliche Sanftheit liegt in der Luft, und man versteht, warum Männer wie Giacomo Casanova oder Alexandre Dumas hier ihr Domizil bezogen. Ein paar Segelboote gleiten auf den Wellen. Eine Katze miaut, wir schauen nach unten, und zwischen den weißlichen Wellenbrechern entdecken wir eine getigerte Schlawinerin mit ihren entzückenden Katzenbabys.

Wie lange verweilen wir jetzt schon hier? Fünf Minuten? Oder ist es bereits eine halbe Stunde? Nach den obligatorischen Selfies

kommt man nicht umhin, alle zwei Schritte voll der Bewunderung stehen zu bleiben. Wissen Sie was? Uns Neapolitanern geht es genauso: Am Meer kann man sich nie sattsehen!

Seit einigen Jahren ist die Uferpromenade zwischen Via Santa Lucia und Piazza Vittoria Fußgängerzone: *lungomare liberato* – eine der ersten Amtshandlungen von Oberbürgermeister Luigi De Magistris, der sich damit viel Kritik der verärgerten Autofahrer einhandelte. Aber vom Frühjahr bis spät in den Herbst herrscht seither an jedem Wochenende auf der stillgelegten Fahrbahn ein großer Menschenandrang. Die Tische der Restaurants sind vollbesetzt. Man hört Teller und Besteck klirren und das Gewirr der Stimmen. Es duftet nach gegrilltem Fisch und frittiertem Oktopus. Brautpaare kommen mit ihren Familien hierher, um sich vor der schönsten Kulisse der Stadt fotografieren zu lassen. Ein Bad im neapolitanischen Leben – am Sonntag. Denn nur die Touristen haben die Uferpromenade die ganze Woche über für sich, während die Neapolitaner im Büro oder in der Schule schuften.

Und jetzt, wie wäre es mit einem Aperitif? Die günstigste Variante gibt es an der Rotunde zwischen Via Nazario Sauro und Via Partenope. Zwei Kioske verkaufen *taralli* (Gebäckkringel mit Mandeln und Pfeffer) sowie die üblichen

Chips und Getränke. Für die Mutigen gibt es *trippa* (Pansen) mit Zitronen. Zwar sitzt man auf Plastikstühlen, aber wenn man Glück hat, ergattert man einen Platz in der ersten Reihe und kann den besten Blick der Stadt genießen. Für Studenten mit kleinem Budget: Hinter den Kiosken führen zwei Steintreppen direkt ans Meer. Ausgerüstet für ein Picknick saß ich selbst vor 25 Jahren mit meinen Studienkommilitonen auf den Treppenstufen und schaute zu, wie Jugendliche, moderne Tritonen in Unterhose, von den Felsen ins Wasser sprangen. Sehr edel geht es dagegen auf den Terrassen der luxuriösen Hotels Excelsior und Vesuvio zu. Wer weder für einen einfachen Aperitif noch für das dekadente Dolce Vita etwas übrighat, dem empfehle ich die Bars und Restaurants des Borgo Marinari. Meine Lieblingsbar befindet sich allerdings in der Via Santa Lucia: Im Ba-Bar ist es an heißen Sommertagen wunderbar, weil immer eine kühle Meeresbrise weht.

2

BUSVERBINDUNGEN ZUM VESUV WWW.VESUVEXPRESS.INFO

Der Feuerberg

Montagna fatta 'e lava 'e cient lengue / tu tiene in mano a te sta vita mia. Lavaberg mit hundert Feuerzungen, mein Leben liegt in deiner Hand. Diese emotionalen Zeilen eines Songs der Gruppe Spaccanapoli besingen den Vesuv. Den zornigen Zeus, den schlafenden Giganten. Es stimmt! Unser Leben am Fuße des Vulkans ist eng mit ihm verbunden. Wenn wir morgens aufstehen, halten wir stets Ausschau nach ihm: Wie geht es ihm heute? Mancher behauptet, aus seinen Farben schließen zu können, wie das Wetter werden wird. Während ich diese Zeile schreibe, wütet ein verheerender Waldbrand, der Flora und Fauna im Nationalpark am Vesuv fast

TIPP

DER DOKUMENTARFILM *NEAPEL '44* DES REGISSEURS FRANCESCO PATIERNO ZEIGT EINDRÜCKLICHE VESUVBILDER AUS DER ZEIT DER ALLIIERTENLANDUNG.

vollständig zerstört hat. Kriminelle haben Feuer angesteckt, angeblich um den Staat zu zwingen, größere Aufträge für die Sanierung und den Waldschutz zu vergeben.
In den Rauchschwaden, die im Sommer 2017 aufstiegen, wollten einige Tiere, Totenschädel oder sterbende Löwen darin erkennen. »Wenn er sich eines Tages an uns rächt, dann, weil er zu viel ertragen musste«, sagten andere. Seit Jahrhunderten beschäftigen sich Generationen von Künstlern, Dichtern und Wissenschaftlern mit dem Vulkan, sie sind hierhergereist, um sich den rauchenden Feuerberg aus der Nähe anzuschauen. Durch die Grand Tour ist ein eigenes Genre entstanden: die Vesuv-Veduten. Wie viele Maler haben den Lava und Feuer spuckenden Berg gemalt? Sehr viele. So viele, dass vor allem sie – die Ausländer, die Grand-Touristen – den Vulkan zur Ikone Neapels gemacht haben.
»Es gibt keine Trennung zwischen Mensch und Vulkan. Wir sind eins«, erklärt die Regisseurin Sara Sole Notarbartolo, die von ihrer kleinen Terrasse aus eine unverstellte Sicht auf den Vulkan hat. Man ist vom Vesuv stets fasziniert, von der Schönheit seiner Flanken, die sanft in Richtung Meer gleiten. Wenn man von einer langen Reise wieder in die Stadt kommt, blickt man zu ihm hinauf und seufzt erleichtert: Ich bin zurück, alles ist an seinem Platz. Sein Anblick gibt einem einerseits Sicherheit. Andererseits betrachtet man ihn mit Ehrfurcht. Man hat Angst vor seiner Unberechenbarkeit. Wer weiß, wann er wieder ausbrechen wird?! Und die Vulkanologen haben schon vorausgesagt: Der nächste Ausbruch wird verheerend sein. Der letzte war 1944. Auch mein Vater und meine Mutter – beide waren damals nicht einmal acht Jahre alt – mussten mit ihren Familien fliehen.
Direkt betroffen war jedoch nicht Pompeji, sondern der Ort San Sebastiano. Da standen plötzlich die Einwohner des Städtchens vor einem unlösbaren Dilemma. Wen sollten sie nun anbeten – den mächtigen Widersacher des Vesuvs, San Gennaro, oder ihren eigenen Stadtheiligen und Namensgeber? Sie entschieden sich für den zweiten. Heimlich hatten sie aber die Statue vom heiligen Januarius aus Neapel kommen lassen, die sie in einer Nebengasse unter einem Bettlaken versteckt hielten. Sollte der heilige Sebastian es nicht schaffen, die Lava zu halten, würden sie eben auf San Gennaro zurückgreifen. Aber Sebastian vollbrachte das Wunder.

3

BUS 151 BIS PIAZZA VITTORIA

Das Ei im Kastell

VIA ELDORADO 3

Kein Mensch in Neapel weiß, dass die Adresse Via Eldorado lautet. Jeder sagt einfach Castel dell'Ovo. Jeder kennt die Befestigungsanlage auf dem Felsvorsprung, der durch einen steinernen Steg mit der Uferpromenade verbunden ist. Und jeder kennt die Restaurants, die die kleine Insel umsäumen.

Das Castel dell'Ovo ist von vielen Sagen umwoben. Angeblich gingen ausgerechnet an dieser Stelle drei VIPs der hiesigen Geschichte an Land. Verschmäht und verärgert vom listigen Odysseus, der ihrem betörenden Gesang getrotzt hatte, ließ sich die Sirene Parthenope auf diesem Tuffsteinfelsen, der kleinen Insel Megaride, nieder, um zu ster-

TIPP

PIZZA IM RESTAURANT TRANSATLANTICO. VON DEN TISCHEN IN DER LINKEN ECKE HAT MAN EINE SCHÖNE AUSSICHT AUF DEN YACHTHAFEN UND AUF DEN VESUV.

ben. In Erinnerung an sie gründeten griechische Handelsleute im 8. Jahrhundert genau auf dem Grab der Meerjungfrau die Stadt Neapolis. Und nach zweitausend Jahren sind dort nun schlaue Süditaliener zu Hause. Das Geschäft der Restaurants am Fuße der Festung boomt. Leider nicht die Sirenen, sondern die Kellner sollen die Kunden mit Werbeprospekten und flotten Sprüchen locken. Trotz der ein bisschen zu touristischen Kulisse ist die Abendstimmung sensationell.

Verrät mir jetzt jemand, wo das Ei im Kastell ist? Auch das weiß kein Mensch. Angeblich soll Vergil in einem Bergtunnel unter der Burg das *ovo* (Altitalienisch für *uovo*) versteckt haben. In die Stadtgeschichte ist der wichtigste Dichter der römischen Antike als Zauberer und Heiler eingegangen. Solange das Ei unversehrt bleibt, ist Neapel vor jeglichen Schicksalsschlägen sicher, sei es eine Fliegenplage oder vergiftetes Wasser. Na ja, ob das alles stimmt? –, fragt man sich, wenn man auf die Wellen schaut und überlegt, wie sauber das Meer tatsächlich ist. Mit der realen Person von Publius Vergil Maro (70–19 v. Chr.) haben die Legenden wenig zu tun, aber wir Neapolitaner erzählen sie einfach so gern (siehe auch Kapitel 10). In der mittelalterlichen Burg findet man nicht einmal ein kleines Osterei, sondern wechselnde Kunstausstellungen des Kulturdezernats.

Die letzte Legende für heute: Nach der Sirene Parthenope soll auch die heilige Patricia (664–685 n. Chr.) an dieser Stelle gestrandet sein, als sie auf dem Weg ins Heilige Land Schiffbruch erlitt. Die Nachfahrin des Kaisers Konstantin macht seit einigen Jahrhunderten dem Stadtheiligen San Gennaro Konkurrenz. Denn ihr Blut verflüssigt sich einmal die Woche, statt zwei Mal im Jahr wie bei ihm … (Kapitel 24)

4

500 Jahre Geschichte unter der Erde. Der bourbonische Tunnel

WWW.GALLERIABORBONICA.COM

TIPP

AUCH IN GROTTEN DER ALTSTADT WERDEN ENTDECKUNGSTOUREN ANGEBOTEN, ZUM BEISPIEL UNTER DEM DOM VON SAN LORENZO ODER UNTER DEM SPANISCHEN VIERTEL.

Blaue und grüne Glasflaschen, in denen einmal Sodawasser war, geblümte Keksdosen, abgenutzte Ledertaschen, Schwarzweißfotografien mit Straßenszenen aus dem Jahr 1943: Ein kleiner Flohmarkt lässt schon vor dem Beginn der Führung durch die unterirdischen Mäander des bourbonischen Tunnels ahnen, dass während des Zweiten Weltkrieges die Menschen an dieser Stelle Zuflucht fanden. Als 2005 zwei Geologen im Auftrag der Gemeinde unter dem Pizzofalcone-Hügel Nachforschungen anstellten, stießen sie in den schattigen Kavernen auf ein offenes Geschichtsbuch. Unter einer Menge von Unrat und Schlamm lagen 500 Jahre historischer Schich-

ten. Nach den Bombardements von 1943 hatte man die zurückgelassenen Gegenstände in den Luftschutzkellern vergessen. Aus dem Gedächtnis verschwunden war auch ein Auto- und Motorradfriedhof. Die Geologen fanden fahrbare Untersätze verschiedener Art und Größe, die in der Nachkriegszeit von der Polizei beschlagnahmt, aber vom rechtmäßigen Besitzer nie mehr abgeholt worden waren.

In einer Tiefe von 40 Metern entdeckte man Grotten, hoch wie Kathedralen. Sie wurden im 16. und 17. Jahrhundert für die Wasserversorgung der stets wachsenden Bevölkerung benutzt. Während man aus dem Bauch des Hügels den gelben Tuffstein entnahm, um die Palazzi über der Erde zu bauen, legte man darunter gleichzeitig Zisternen an. Durch enge Schächte, kaum breiter als die Länge eines Unterarms, mussten die *pozzari*, die Brunnenputzer, kriechen, um das Wasserreservoir sauber zu halten. Die Wohnungen der herrschaftlichen Häuser waren durch hohe Schächte direkt mit den Wasserspeichern verbunden. An den Zisternenmauern sind noch die dunklen Vertiefungen zu sehen, an denen die Brunnenmänner von der Unter- in die Oberwelt und wieder zurück klettern konnten. Daraus entstand die Legende vom *monaciello*, dem neapolitanischen Poltergeist, der böse Streiche spielt, Gegenstände

und Geld verschwinden lässt oder hervorzaubert.
Der Architekt Enrico Alvino musste die vielen Zisternen vorsichtig umgehen, als der Bourbonenkönig Ferdinand II. ihn 1853 mit dem Bau eines Tunnels beauftragte. Nach den blutigen Aufständen 1848 wollte Seine Majestät für den Schutz des Hofes sorgen. Durch die 430 Meter lange Galerie konnten die Soldaten von den Kasernen an der Riviera di Chiaia schnell zum Königshaus an der Piazza del Plebiscito gelangen.
Das jüngste Kapitel dieser spannenden, unterirdischen Stadtgeschichte spielt im Jahr 1985. In Vorbereitung auf die Fußballweltmeisterschaft (1990) wurde mit dem Bau einer Tramlinie begonnen. Als aber 1993 das FIFA-Turnier längst vorbei und von der stolzen Schnellbahn *linea tramviaria veloce* (LTV) mehr schlecht als recht nichts als ein Baustollen gegraben worden war, ließ man das kostspielige Bauprojekt plötzlich fallen. Indes stieg an dieser Stelle der Wasserspiegel zu einem unterirdischen See an. Natürlich kann man ihn besuchen, geführt von den Geologen der Associazione Galleria Borbonica. Wie die toten Seelen von Charon wird man auf einem Floß durch die absolute Dunkelheit gefahren. Taschenlampe und Schutzhelm sind im Ticket inklusive.
Wer weiß, wie viele Geheimnisse Neapels dunkler Schoß behütet! Noch gibt es Ausgrabungen in den modrigen Galerien. Wer will, kann sich als freiwilliger Ausgräber melden. Jeden Sonntag wird weiter gebuddelt.

5

BUSSE 151 / 140 BIS PIAZZA VITTORIA
ODER U-BAHN-LINIE 1 BIS PIAZZA AMEDEO (CA. 10 MINUTEN FUSSWEG)

Piazza dei Martiri

Neapel ist so reich an Sehenswürdigkeiten, dass man an manchen Orten vorbeigeht, ohne Notiz von ihnen zu nehmen. Und doch gibt es unzählige Ecken voll stiller Poesie. Um sie herum wimmelt die neapolitanische Lebendigkeit – Motorroller rechts und links, hupende Autos, laut palavernde Passanten vorn und hinten –, aber manchmal stellt sich ganz unvermutet ein Moment intensiven Innehaltens ein. Einer dieser für mich besonderen Orte befindet sich an der Piazza dei Martiri, dem Herz des bürgerlichen Lebens im Viertel Chiaia. Wer hier wohnt oder in den Geschäften in den kleinen Straßen rund um den Platz einkaufen geht, ist entweder

TIPP FÜR HUNGRIGE

ZWEI RESTAURANTS IN DER VIA ALABARDIERI. BEI HAUSNUMMER 34-36 DAS HAMBURGER-RESTAURANT 12 MORSI UND BEI HAUSNUMMER 30 EINE INSTITUTION: DA UMBERTO. SCHON DOMENICO MODUGNO ALIAS »MISTER VOLARE« LIEBTE DIESEN ORT.

wohlgeboren oder hat es einfach geschafft.
Oft bleibe ich an der Ecke zur Via Carlo Poerio stehen. Dort, wo sich der Platz öffnet und geradeaus in die Via Calabritto mündet, ist ein bezauberndes Detail der Küstenlandschaft zu erleben. Man blickt auf die Palmen der Piazza Vittoria, und hinter ihren dünnen Stämmen leuchtet ein blauer Meeresstreifen. Die Insel Capri wirkt wie ein Scherenschnitt, von Kinderhand soeben auf den Horizont geklebt. Eine Fähre zieht langsam vorbei. Plötzlich ist es, als ob die Zeit stillstände. Man registriert nicht mehr die Männer, die in ihren dunkelblauen Anzügen aus dem imposanten Palazzo des Unternehmerverbandes strömen oder die Damen in ihren Stöckelschuhen. Man steht da wie Odysseus vor den Sirenen. Eine kurze Atempause der inneren Stille. Von hier aus folgt man dem Sog des Meeres, geradeaus über die Piazza Vittoria in Richtung Uferpromenade – man möchte fast die Arme ausstrecken, um das leuchtende Blau zu umarmen. Danach lässt man sich in einen Stuhl der vielen Restaurants und Cafés an der Promenade sinken. Man blickt auf die korallroten Fassaden der Jugendstilbauten. Der Moment der Poesie ist vorüber, aber man kann ihn immer wieder neu aufleben lassen. Es genügt, an der Ecke Nr. 52 stehen zu bleiben und die Aussicht zu genießen.

6

BUS 140

Eine noble Residenz für Wagner: Villa Doria d'Angri

Am 4. Januar 1880 traf in Neapel ein luxuriöser Sonderzug ein, dessen Aufschrift »Kaiserlich-königliche privilegierte Südbahngesellschaft« hervorstach. In einem der Wagen reiste niemand Geringeres als Richard Wagner. Von Fürst Ludwig II. von Bayern war die Adlige Malwida von Meysenburg beauftragt worden, eine noble und angemessene Residenz für Wagner zu suchen, der bei seinem Neapel-Aufenthalt den *Parsifal* vollenden wollte. Zusammen mit seiner Familie und einer Schar Bediensteter bezog der *maestro assoluto* die prächtige Villa Doria d'Angri am Posillipo-Hügel.
Wenn man die Via Posillipo entlangflaniert und etwa bei Nr. 374

VIA FRANCESCO PETRARCA 80
WWW.UNIPARTHENOPE.IT

TIPP

IM SOUTERRAIN IST EIN KLEINES MUSEUM DER SCHIFFFAHRT UNTERGEBRACHT. IN DEN VITRINEN WARTEN SCHIFFMODELLE JEDER GRÖSSE UND EPOCHE AUF BEWUNDERER.

seinen Blick nach oben richtet, wundert man sich über eine seltsame Konstruktion mit einem achteckigen Pagodendach. Das im Chinoiserie-Stil gestaltete Gartenhäuschen gehört zum herrschaftlichen Komplex der Villa. Als Patrizierresidenz des genuesischen Fürsten d'Angri wurde sie 1833 auf einem Felsvorsprung aus Tuffstein errichtet. Von der Via Posillipo oder – noch besser – vom Meer aus gesehen, ist der Eindruck gewaltig: als ob das im Stil des Palladio realisierte Gebäude und die Felswand eine einzige Einheit bilden würden. Die neoklassische Loggia mit den ionischen Säulenkapitellen verstärkt den Eindruck eines Tempels unerreichbarer, grandioser Götter. Müßig zu sagen, dass von den Balkonen, die den gesamten Bau umringen, einem das atemberaubende Panorama buchstäblich zu Füßen liegt. Diese Aura des Erhabenen beeindruckte Wagner zutiefst, wie eine Marmortafel erinnert.

Heute ist der Gebäudekomplex, zu dem ein Anwesen von ca. 18 000 Quadratmetern gehört, Sitz der Universität Parthenope und dient als exklusiver Veranstaltungsort für Kolloquien und feierliche Anlässe. Einige Säle sind modern restauriert und mit der neuesten Technik versehen. In den Sommermonaten finden auf der Aussichtsterrasse Konzerte statt. Anlässlich der

Veranstaltungen werden Führungen durch die schneeweiße Marmorhalle und die mit pompejischen Motiven und Stuck dekorierten Innensäle angeboten. Auch die Böden aus Marmor und Majolika sind noch intakt. »Noch« bedeutet hier: zum Glück. Bevor die Universität das imposante Haus erwerben konnte, war in den neoklassischen Räumen eine winzige Gemeinde von Nonnen des Hl. Dorotheen-Ordens untergebracht. Weil die alten Damen sehr arm waren, verkauften oder eher: verschleuderten sie die wertvollen Dekorationselemente und antiken Möbel – jedenfalls all das, was sie nicht im Winter im Kamin verheizten ... Man munkelt auch, dass gerissenes Hauspersonal Vasen und kostbare Seidenstoffe von Bezügen und Tapeten entäußerte, um sich ein Zubrot zu verdienen. Die restaurierte *Sala Wagner* soll jedoch an die Glanzzeit erinnern, als der Begründer der Bayreuther Festspiele an seinem Geburtstag, dem 22. Mai 1880, den ersten Akt des *Parsifals* vorführen ließ. In einer Ecke steht noch der Stuhl, auf dem angeblich der Maestro gesessen hat. Er wurde von der Universität in einer abenteuerlichen Auktion ersteigert.

7

BUS 140 VON PIAZZA VITTORIA

Palazzo Donn'Anna

In unzähligen Veduten der Bucht von Neapel ist dieser prächtige Bau abgebildet. Der Palazzo wurde 1642 von Cosimo Fanzago gebaut, blieb aber unvollendet. Weil die Gelder ausgingen, weil der Vizekönig Medina nach Spanien zurückbeordert wurde, weil die Familie sich zerstritten hatte und, und, und. Neben dem Vesuv und dem Castel dell'Ovo steht er als Symbol für meine Stadt wie das Colosseum für Rom. Eine Legende erzählt, dass unter seinem Fundament die Sirene Parthenope ihren ewigen Schlaf schläft. Liegt aber das Grab der Sirene nicht unter dem Castel dell'Ovo? Wie auch immer: Der Palast ist in die Stadtgeschichte auch als *palazzo della sirena* eingegangen.

TIPP

DIE THERMEN PAUSYLIA IN DER VIA POSILLIPO 19. EIN RIESIGER WINTERGARTEN BEHERBERGT DEN RUHERAUM MIT SCHNEEWEISSEN LIEGEN.

Vielleicht weil er direkt auf einer rauen Felsengrotte gebaut wurde, in die das Meer unaufhörlich hineinrauscht. 24 Stunden am Tag, seit 370 Jahren. Heute noch könnte man mit einem Ruderboot direkt in die unterirdischen Gemächer des Palazzo hineinfahren. Könnte. Der Konjunktiv ist hier ein Muss. Den Mutwilligen unter den Lesern rate ich entschieden ab. Überwachungskameras und Wachpersonal beschützen das Gebäude gegen allzu neugierige Augen. Wer nicht das Glück hat, einen der hiesigen Wohnungseigentümer zu kennen, steht vergeblich an der Via Posillipo, schaut schüchtern auf den Hof und auf die Bogenkolonnaden. Ein Zerberus erscheint: »Sie wünschen?« »Ähm, ich würde gerne einen Blick ...« Kopfschütteln, gepresste Lippen: »*Proprietà privata*, Privateigentum. Zutritt verboten.«

Ist man das erste Mal in der Stadt, bleibt man perplex ob der kühlen Ablehnung. Was ist mit der berühmten Freundlichkeit der Süditaliener? Der Alltag der Bewohner des Palazzo Donn'Anna ist eben ein bisschen anstrengend. Zu viele Touristen, zu viele Neugierige stehen tagtäglich vor dem Gittertor. Auch Fußballfans und Autogrammjäger, denn im herrschaftlichen Haus residiert u. a. ein prominenter Spieler.

Ein Geheimtipp, der in keinem Reiseführer zu finden ist: Seit kurzem hat in der Beletage die Fondazione Ezio de Felice ihre Tore geöffnet. Die Kulturstiftung, die sich besonders dem Denkmalschutz verschrieben hat, veranstaltet regelmäßig Tagungen und Buchpräsentationen. Wenn man den Newsletter der Stiftung abonniert, erhält man auch die Einladungen zu den Veranstaltungen und darf (ist an dieser Stelle ein Grinsen erlaubt?) den Zerberus passieren, der einen sogar freundlich begrüßt. Ein paar Schritte über den Hof führt links eine lange Treppe nach unten. Man hat das Gefühl, in die Eingeweide des Palazzo einzutauchen. Durch eine zunächst unscheinbare Tür kommt man in das ehemalige Theater des prunkvollen Palazzo. Wie hoch ist die Decke? Acht Meter oder zehn ...? Die Kinnlade fällt noch weiter nach unten, sobald der Blick über die Terrasse streift: als ob man auf einem Dampfer durch die Wellen gleiten würde. Was ja auch ein bisschen stimmt, weil der Palazzo so weit ins Meer hinausragt.

In diesem Raum befand sich das Atelier des Architekten Ezio de Felice, der sein Eigentum der wohltätigen Stiftung vermachte. Ein Paravent aus Metall und dem wiederverwerteten Holz

alter Boote teilt die Halle, links ist der Eingangsbereich, rechts ein bestuhlter Veranstaltungssaal. An den Wänden befinden sich auf einer Höhe von etwa acht Metern sechs Nischen. Im 17. Jahrhundert waren sie die Logen, aus denen graziöse Damen und schnurrbärtige Ritter die Theateraufführungen verfolgten. Heute ist der Raum unprätentiös in Kreideweiß gehalten. Während der Veranstaltungen kann man sich schon mal bei Tagträumen ertappen: Eine Fähre passiert vor dem Balkon. Eine Frau steht im Fensterbogen und wirft die Haare nach hinten. Eine Vision?

Abergläubische Neapolitaner nennen das alte Gemäuer *il palazzo degli spiriti*. Und schon manch einer ist schnellstens wieder ausgezogen, weil ihm die Wohnung dort angeblich Unglück gebracht haben soll.

8

BUS 140, DANN CA. 20 MINUTEN ENTLANG DER DISCESA MARECHIARO

Auf den Wellen: Marechiaro

Marechiaro, klares Meer. Jeder Neapolitaner seufzt verträumt, vernimmt er diesen Ortsnamen. Die kleine Bucht ist der Lieblingsort für Verliebte schlechthin. Will man der Angebeteten seine Liebe erklären? Um ihre Hand anhalten? Oder nach einem Streit sich wieder mit ihr vertragen? Oder einfach nur mit ihr baden? Dann ist ein Abstecher dorthin, an die Spitze des Posillipo-Hügels, unabdingbar. »Wenn der Mond in Marechiaro aufgeht, lieben sich sogar die Fische.« Salvatore Di Giacomo, der 1885 das gleichnamige berühmte Lied dichtete, musste es wissen: die *finestrella*, das kleine Fenster, vor dem er seine Angebetete besang, existiert noch heute.

VIA MARECHIARO

TIPP

AN DER KLEINEN BUCHT KANN MAN KANUS MIETEN. SEHR EMPFEHLENSWERT. MAN KANN SICH DIREKT VOR ORT ERKUNDIGEN. INFOS UND BUCHUNG AUCH UNTER: WWW.MARECHIAROINBARCA.IT

Die Schönheit dieses Fleckchens süditalienischer Küste – das Panorama auf die Stadt mit dem Vesuv im Hintergrund und die fernen Küsten bis zum Vorgebirge des Sorrent – ist so bezaubernd, dass ein Abend an diesem Gestade unvergessen bleibt. Sind übrigens deswegen die hier ansässigen Restaurants so sündhaft teuer?

Aber nicht nur für Verliebte ist ein Ausflug zum kleinen Fischerort Marechiaro empfehlenswert. Es lässt sich dort wunderbar baden, weil die Wasserqualität in Ordnung ist und ständig geprüft wird. Am schönsten ist es, wenn man sich ein Kanu mietet und paddelnd nacheinander die einzelnen Meerbusen erkundet. Man schippert an gelben Tuffsteinfelsen vorbei, die mit wilder Vegetation überwachsen sind, man steuert wundersame Felsgrotten an und gruselt sich ein bisschen in der *cala dei trentaremi*, benannt nach einem antiken Schiffsunglück, bei dem alle 30 Ruderer ums Leben kamen.

Wem das Kanu zu nass und das Rudern zu anstrengend ist, der geht zu Ciro Attanasio und lässt sich mit dem Motorboot die Posillipo-Küste entlangfahren. Biegt man beim Restaurant Al Giardino links ab, kann man die enge Steintreppe bis zum Meer hinunterlaufen. Der Wind trägt den Geruch von Salzwasser, Algen und Schiffsdiesel.

Ciro ist ziemlich redselig und

gibt in seiner Manier – ein bisschen erinnert er an Mel Brooks – einen Exkurs über die Geschichte dieses Fleckchens Erde von der Antike bis heute zum Besten. An dieser Küste ließen sich die dekadenten alten Römer ihre Villen bauen. Eine verfallene, von Wind und Wasser erodierte Ruine ist *il palazzo di Nerone* – richtig: DER Nero! Eine weitere Ausgrabung enthüllt die Relikte der Schule des Vergil, wo der Dichter Zauberkunst unterrichtet haben soll.

Marechiaro war vor allem in den 60er Jahren neben Positano und Capri Dreh- und Angelpunkt des *Dolce Vita*. Aber einige der luxuriösen modernen Villen brachten den reichen Besitzern Unglück. Sehen Sie den Felsen?, fragt Ciro. Der amerikanische Medienunternehmer Getty kaufte die Villa, und was passierte? Der Sohn wurde gekidnappt. Ciro zeigt auf sein Ohr: Diese Orte sind wunderschön, aber verwunschen, ja sogar verflucht. Die Signora Quaranta, einer modernen Medea gleich, stürzte sich von einem Felsen mit beiden Kindern, weil sie im Streit mit ihrem Mann lag. Und in der *cala dei trentaremi* starben (wir berichteten) 30 Matrosen. Vielleicht haben sich diese Legenden aus der Zeit der Römer gehalten. Die verborgenen Felsenriffe unter Wasser machten die Seefahrt an dieser Küste gefährlich. Für den Unkundigen, präzisiert Ciro. Er kennt sein Marechiaro seit 70 Jahren. Ein Schiffbruch würde ihm nie passieren, sagt er verschmitzt.

9

U-BAHN-LINIE 2 BIS CAMPI FLEGREI, UMSTEIGEN IN BUS C1

Für Verliebte und Archäologen: Wo der Sonnenuntergang am schönsten ist

GROTTE DES SEJANUS
WWW.GAIOLA.ORG
DISCESA COROGLIO 36

TIPP

DAS CENTRO STUDI INTERDISCIPLINARI LA GAIOLA BIETET AUSFLÜGE MIT DEM GLASBODEN-BOOT ÜBER DIE UNTER WASSER LIEGENDEN RÖMISCHEN RUINEN.

Noch ein sagenumwobener Ort. Voller Mythen und Geschichten. Ein Ort für Verliebte! Lange lag ein Rätsel auf der antiken Grotte des Sejanus. Jeder von uns hatte davon gehört. Die Großeltern meiner Freunde aus dem Stadtteil Bagnoli erzählten, wie sie während des Zweiten Weltkrieges dort Schutz vor den Luftangriffen gesucht hatten, konnten jedoch nicht mehr rekonstruieren, wo der Eingang war. In den 50er Jahren waren Teile des römischen Bauwerks zusammengefallen. Erst 2009 hat die Gemeinde auf Initiative des Kulturvereins La Gaiola den Tunnel restauriert und für das Publikum geöffnet.

Die Tunnelanlage erstreckt sich

etwa 800 Meter lang unter dem Hügel des Posillipo. Gebaut im 1. Jahrhundert v. Chr., diente sie als Verbindungstrakt zwischen der Villa des reichen Publius Vedius Pollio und dem Hafen von Puteoli (heute Pozzuoli), wo die Schiffe aus Rom anlegten. Der aus Benevento stammende Emporkömmling Pollio, Sohn eines Freigelassenen, hatte es in den Patrizierstand geschafft, ja war sogar enger Freund des Kaisers geworden. Auf ihn geht der Name des ganzen Hügels zurück, heute das bürgerliche Viertel der Stadt. *Pausilypon*, dem Schmerz eine Pause – so taufte der vermögende Mann sein Anwesen: wegen der unvergleichlich prächtigen Lage über den steil ins Meer abfallenden Tuffsteinfelsen. Die Residenz umfasste sogar ein Amphitheater, ein kleines Odeion und Thermen. Später ließ der Präfekt Lucius Aelius Seianus, ein Vertrauter des Tiberius, den unterirdischen Zugang erweitern. Und Kaiser Hadrian war der Letzte, der vor dem atemberaubenden Panorama Linderung von den Strapazen des Lebens suchte. Dann gerieten die Grotte sowie die Villa in Vergessenheit, bis sie Mitte des 19. Jahrhunderts wiederentdeckt wurden.

Die Ruinen der Anlage bilden einen Teil des archäologischen Parks La Gaiola, der vom gleichnamigen Kulturverein betreut wird (siehe Tipp). Um sie zu besichtigen, muss man den langen Weg durch die Grotte auf sich nehmen. Ja, es lohnt sich! Vor allem, wenn man eine Führung von jungen Archäologen mitbucht. Durch einen 14 Meter hohen Bogen gelangt man in den Tunnel hinein. Sei es der kühle, modrige Halbschatten, sei es die Länge der Grotte, man kann nicht umhin, zu spüren, dass diesen Ort etwas Besonderes umweht, gewissermaßen etwas Sakrales. Jeder Schritt hallt unter den Arkaden. Zu beiden Seiten ist das antike römische Mauerwerk *opus reticulatum* zu sehen. Man wird auf winzige Vertiefungen in der Bergwand hingewiesen. An dieser Stelle machten die antiken Bauarbeiter eine Pause. Fünf bis sieben Meter pro Tag schafften sie. Alles per Hand!

Hinter dem Tunnel, wieder im Freien, riecht es zunächst nach wildem Rosmarin und Pfefferminz. Ein schmaler Weg zwischen Kakteen und krummen Pinien führt zu den Ruinen und den Panoramaterrassen. Zum Areal gehört ein verfallenes Haus. Mitte des 19. Jahrhunderts baute sich ein Bischof ein großes Anwesen, wobei er das antike Baumaterial ausschlachtete. Heute steht der groß angelegte

Palazzo neben den altrömischen wie ein Geisterhaus da. Durch die leeren Fensteröffnungen rauscht der Wind ...

Die Stimmung ist einmalig. Sind Sie verliebt? Na, dann müssen Sie unbedingt hierherkommen. Pausilypon – es wirkt noch immer.

10

BUS 140 ODER C31

Postkarte mit Pinie und Umweltsünden: Parco Virgiliano

VIALE VIRGILIO

TIPP

DIE LANGE HAFENMOLE IN BAGNOLI. SEHR SEHENSWERT. MAN LÄUFT EINEN KILOMETER LANG MITTEN IM MEER. DIREKT AM EINGANG PRÄSENTIEREN INFORMATIONSTAFELN DIE GESCHICHTE DER UMWELTSÜNDE IM STADTTEIL BAGNOLI.

»Warum hast du mich nach Posillipo gebracht, wenn du mich nicht mehr liebst?« Eine berechtigte Frage aus dem alten neapolitanischen Lied »L'Addio« (Der Abschied). Auf die Landspitze des Posillipo-Hügels, wo sich der nun wirklich schönste Aussichtspunkt Neapels befindet, kommt man, wenn man verliebt ist! Das weiche Licht, die milde Luft des Sonnenuntergangs sollen die Gemüter der Liebenden besonders beflügeln. Aber nicht nur Liebespärchen kommen hierher. Seit Generationen gehen die Neapolitaner unter den Pinien und Steineichen des Stadtparks spazieren. Dasselbe taten auch meine Großeltern im fernen Jahr 1931, als

die 92000 Quadratmeter breite Anlage eröffnet wurde. Myrten- und Rosmarinbüschchen passierend, erreicht man die auf unterschiedlichen Ebenen liegenden Belvedere-Terrassen. Von hier kann man das zum Klassiker gewordene Motiv der blauen Bucht mit dem Vulkan und der Schirmpinie im Vordergrund knipsen.

Immer, wenn mich Freunde aus Deutschland besuchen, machen wir einen Abstecher hierher, auch weil ausgerechnet an diesem idyllischen Ort die großen Widersprüche meiner Stadt besonders augenfällig werden. *Il Virgiliano* ist der Park des Großbürgertums aus dem vornehmen Posillipo-Viertel. Fein gekleidete Mütter schieben im Kinderwagen ihre fein gekleideten Kinder. An ihren Designerklamotten und ihrer selbstsicheren Haltung sind auch die Töchter und Söhne aus gutem Hause zu erkennen, die sich samstags hier treffen. Auf dem Spielplatz direkt hinter dem Eingang vergnügen sich auch die Kinder der Familien aus dem Casale, der Banlieue mitten im Posillipo, wo manche Familien noch in dunklen Erdgeschosswohnungen leben wie vor 50 Jahren. Die Pärchen ziehen sich dann in die am Parkrand verlaufende Serpentinenstraße Via Stazio zurück. Unter den borkigen Pinienbäumen wird das Auto geparkt, »er« klebt die Scheiben von innen mit Zeitungspapier zu und verwandelt den Wagen in ein Liebesnest, damit »sie« sich entspannen kann. Danach raucht man eine Zigarette, die Kippe landet auf dem Boden neben den benutzten Kondomen.

Von einer Aussichtsterrasse im westlichen Teil des Parks schaut man auf die Halbinsel Nisida, auf der das Jugendgefängnis untergebracht ist. Im Hintergrund glänzen im Licht die Inseln Procida und Ischia. Rechts unten aber verschandelt eine verlassene Industriebrache die Küstenlandschaft. In der Zeit des Wirtschaftsbooms befand sich hier im Stadtteil Bagnoli ein großes Stahlwerk. Mittlerweile ist Bagnoli ein Synonym für Umweltsünde und gleichzeitig eine Geldvernichtungsmaschine. Zunächst investierte der italienische Staat Unsummen, um die Industrieanlage und die Arbeitsplätze zu retten. Als später das Werk doch geschlossen werden musste, wurden Fördermittel in Millionenhöhe zur Verfügung gestellt, um die Umweltschäden wiedergutzumachen. Davon aber sieht man nichts. Noch heute streiten sich die lokale und die nationale Regierung, wie aus dem jetzigen Areal eine Naturlandschaft bzw. eine touristische Attraktion werden kann.

Zentrum

11

U-BAHN-LINIE 1 BIS PIAZZA MUNICIPIO
BUS R2

Acht Könige erzählen einen Witz

PIAZZA DEL PLEBISCITO

Der Salon der Stadt. Einer der schönsten Plätze Italiens: Kein Wunder, dass ausgerechnet an dieser Stelle 1860 die politische Einheit des italienischen Staates verkündet wurde. Angeblich soll aber die Volksabstimmung (it.: *plebiscito*) getürkt gewesen sein. Nach mehr als 150 Jahren meinen einige noch immer, das Haus Savoyen hätte sie über den Tisch gezogen, will sagen, Neapel gegen den Willen der Süditaliener annektiert. Trotzdem schaut man sich gern an diesem Ort die Flugzeugparade am 2. Juni, dem Nationalfeiertag, an und verfolgt diverse politische Kundgebungen. Könnten Antonio Canovas Reiterstatuen – König Ferdinand I. und Karl III. (1820) – sprechen,

was würden sie zu den vielen unterschiedlichen Events sagen? Immer wieder wird der Platz zwischen ihnen zur großen Bühne für Künstler, Politiker und das neapolitanische Volk.

Der Anblick der halbrunden Kolonnaden mit der Kirche in der Mitte ist – von der westlichen Seite her gesehen – besonders kurz vor Sonnenuntergang ein Muss. Auf einer Seite der Königspalast, auf der anderen Seite die Basilika San Francesco di Paola mit dem runden Dach, das 1821 erbaut und vom römischen Pantheon inspiriert wurde.

Vor so viel Schönheit wundert man sich, dass die Passage unter den Kolonnaden verwahrlost. Obdachlose finden hier Unterschlupf, während brachiale Jugendliche einen Heidenspaß daran haben, den Marmorboden als Rennbahn für ihre Motorräder zu missbrauchen. Nach einem gescheiterten Versuch, ein Literaturcafé zu halten, hat nun die Stadt die Verpachtung der Räume ausgeschrieben. Demnächst sollten dort Cafés und Restaurants entstehen.

Der Königspalast ist heute ein Museum. Meine Empfehlung: die Konzerte und Theateraufführungen unter freiem Himmel, zum Beispiel während des Theaterfestivals. Im östlichen Flügel des *palazzo reale* ist die Nationalbibliothek untergebracht. Unter Archäologen ist sie als Büchertempel renommiert, weil hier die antiken Schriftrollen von Herculaneum (1. Jhd. n. Chr.) aufbewahrt werden. Der neapolitanische Ottonormalverbraucher – nennen wir ihn Gennaro – ignoriert dagegen vollkommen, dass die Bibliothek über einen kostbaren Schatz an Handschriften und herrlich altmodische Lesesäle mit Panoramablick verfügt. Er interessiert sich eher für die Statuen der Monarchen, die die Fassade zur Piazza schmücken. Acht Dynastien, die vom Mittelalter bis zum 19. Jahrhundert über Neapel regierten, sind hier dargestellt. Gennaro bleibt vor dem Palasteingang stehen, beobachtet den

verärgert dreinschauenden Krieger mit dem Zeigefinger in Richtung Wachturm (Karl V.) und erzählt einen Witz: Roger II., Friedrich II. von Hohenstaufen, Karl I. von Anjou, Alfons I. von Aragón und Karl V. fragen: »Wer hat hier hingepinkelt?!« (Ein bekannter Geruch an diesem Ort.)
Sein Nachbar mit dem verschnörkelten Hut, dem Paletot und dem feinen Gehabe (Karl III. von Bourbon) antwortet: »Ich war's nicht!« Joachim Murat kann sich seine volle Entrüstung nicht genug aus dem Hals schreien. »Ich weiß es!« Und Viktor Emanuel II. von Savoyen ist für eine radikale Lösung: »Wenn ich den erwische ... schneide ich ihn ihm ab!«

12

U-BAHN-LINIE 1 BIS TOLEDO, AUSGANG MONTECALVARIO

Maradona murales. I Quartieri Spagnoli

In der neapolitanischen Mundart ist das Spanische Viertel einfach ein Wort im Plural: »I Quartieri«. Nur selten wird das Adjektiv, das aus dem 16. Jahrhundert von der Zeit der spanischen Herrschaft stammt, als der Vizekönig Pedro de Toledo imposante Bauten für seine vielen Soldaten errichten ließ, von uns Einheimischen gebraucht.

'Ncopp' 'e quartieri sagt man auch. *Ncoppa* – auf / über: Das klingt so in etwa wie »auf dem Berg«. Und das stimmt auch! Die Gassen sind an einigen Stellen so steil, dass einen unterwegs in Richtung Vomero-Hügel häufig das Gefühl überkommt, man würde gerade mühsam den Mount Everest besteigen.

Lange Zeit ist das Spanische Viertel vom Rest der Stadt als eine in sich geschlossene Welt wahrgenommen worden: wegen des Dickichts der Gässchen, in denen man sich schnell verlaufen oder unglücklicherweise Opfer eines Taschendiebes werden konnte. Trotz des labyrinthischen Eindrucks – eigentlich kann man sich im Spanischen Viertel gar nicht verlaufen: Geht man hinab, gelangt man immer in die Fußgängerzone Via Toledo. Hinauf: zu den grünen Weinbergen des Vomero-Hügels und zum Corso Vittorio Emanuele, der langen ehemaligen Promenadenstraße, die Ost und West der Stadt verbindet.

Und doch: Wenn man zu Be-

such in den *quartieri* ist, muss man auch bereit sein, sich ein bisschen zu verlieren, zufällige Eindrücke wahrzunehmen und Geschichten zu entdecken. Man läuft unter unzähligen grün-weiß-roten Fahnen und hellblauen Wimpeln des SCC-Napoli, an Palazzi, Kirchen und Klöstern vorbei. In einer Ecke, direkt neben den verwitterten Kapitellen einer Basilika aus der Barockzeit, flattern an der Leine Spitzenunterhosen und Strümpfe. Gehören sie den *signore*, die in Frotteemorgenmantel und Plüschpantoffeln vor dem Hauseingang auf Plastikstühlen bei einem Plausch sitzen? Man blinzelt ein paar Mal und fragt sich: Ähm, ist eine der älteren Damen nicht eher ein Herr? Zumindest klingt die raue Stimme so. Auch die Unterarme erinnern eher an Bärenpranken. Das Spanische Viertel war in der Nachkriegszeit ein Ort der käuflichen Lust. Besonders in einer Gasse lebten und wirkten die *femminielli*, effeminierte Epheben, die mit ihrer Körperarbeit ganze Großfamilien ernähren konnten. Das ist heute nur Geschichte. Einige Damen sind zwar tatsächlich Transsexuelle und wollen manchmal noch Passanten locken – aber keine Sorge: nur zum spontanen Schwätzchen. Oder – wenn sie einen sympathisch finden – zum Tombola-Spiel. Eine Ecke weiter, in Vico Lungo Gelso, bieten Angelo Scognamiglio und Tina Palombo in ihrem Gemüseladen kostenlose Kochkurse an. Vor allem Immigranten aus Pakistan, Sri Lanka und Nordafrika kommen in diesen Genuss. Das Viertel hat die größte Schulabbruchquote und die höchste Arbeitslosigkeit der Stadt. Die Armut ist entsprechend groß. Älteren Damen, die sich den Friseurbesuch nicht leisten können, bietet der Coiffeur Sasi Visone einmal die Woche unentgeltlich Waschen und Legen an.

Wo könnte man noch hingehen? Als Erstes in Richtung Hauswand, und zwar im Sekundentakt, um den Motorrollern, die wie lästige Insekten die *vicoli* (Gassen) hoch und runter schießen, auszuweichen. Man geht zu den Trattorias und den Weinhandlungen, die neuerdings überall im Viertel eröffnen. Angesagt ist Armando Cammarota: Spritz für 1,50 Euro. Oder man nimmt an einer Entdeckungstour zu den Graffiti des anonymen Künstlerduos Cyop & Kaf teil. Oder folgt dem türkisblauen Holzpfeil in Richtung Maradona murales. Der agile Körper des argentinischen Stürmers wurde 1990 von Mario Filardi an einem sechsstöckigen Haus in der Via Emanuele de Deo gemalt, als der SCC-Napoli die italienische Meisterschaft gewann. Jahrelang war das Gemälde in Vergessenheit geraten. Jemand hatte sogar – ausgerechnet an der Stelle des Pibe-de-Oro-Kopfes – ein Fenster ausschlagen lassen. Natürlich illegal. Letztes Jahr hat der Künstler Salvatore Iodice die Wandmalerei restauriert, jetzt ist sie zur Touristenattraktion geworden. Auf der nebenstehenden Fassade ist kürzlich ein weiteres überdimensionales Graffito aufgetaucht: »Die Keuschheit«, eine der sinnlichsten Statuen des neapolitanischen Barock aus der Cappella Sansevero (Kapitel 18) hat den argentinischen Künstler Francisco Bosoletti so beeindruckt, dass er den verschleierten, nackten Frauenkörper auf der Hauswand im Format XXXXL malte.

Und nun? Einfach immer geradeaus. Irgendwann verlässt man dann das Spanische Viertel. Aber auf die ein oder andere Weise wird man die Erinnerung an die *quartieri* für immer und ewig in sich tragen.

13

SPANISCHES VIERTEL, U-BAHN-LINIE 1 BIS TOLEDO (AUSGANG MONTECALVARIO)

Largo Baracche

TIPPS

CASAFORTE, DAS B&B IN EINEM ALTEN KLOSTERGEBÄUDE, IN DEM KUNST UND LEBEN INEINANDER VERSCHMELZEN. WWW.CASAFORTE.IT.

TIPP FÜR DIEJENIGEN, DIE ITALIENISCH VERSTEHEN: *LARGO BARACCHE*, EINE BEEINDRUCKENDE DOKUMENTATION VON GAETANO DI VAIO (2014) ÜBER VIER ARBEITSLOSE UND IHREN WUNSCH NACH EINER BESSEREN ZUKUNFT.

Largo Baracche, ein kleiner Platz mitten im Herzen des Spanischen Viertels. So klein und unscheinbar, dass man leicht daran vorbeigeht. In den 80er und 90er Jahren warteten an dieser Ecke die Drogendealer auf ihre Kunden. Zwei riesige Plastiken aus schlichtem Stahl – ein Mädchen und ein Junge – signalisieren, dass jetzt die Kinder hier das Sagen haben. In den Sockeln sind die Gedanken der *bambini* in den Stahl gefräst, die sich diesen Ort gewünscht haben, »um endlich im Viertel spielen zu können« und »um neue Kinder kennenzulernen«. In den *quartieri* fehlen Spielplätze vollkommen. Wer Wippschaukeln oder ein Kletterkarussell erwartet,

wird von diesem einfachen Plateau enttäuscht werden. Aus den Steinpflastern sprießt das Unkraut. Eine kurze Mauer an der Stirnseite ist komplett in Rot bemalt, ein Graffito des Street-Art-Künstlerduos Cyop & Kaf. Aber die Kinder spielen Versteck und lachen vergnügt wie überall auf der Welt.

Unter dem Platz liegt ein leerer Raum, der während des Zweiten Weltkrieges als Schutzkeller diente. Eine Initiative von Anwohnern will ihn demnächst in einen Ort für Kunstausstellungen verwandeln. Kunst gibt es auch buchstäblich unter der Erde: Unter einem schmächtigen Johannisbrotbaum liegt das Fragment eines zeitgenössischen Kunstwerks von Jeanne Silverstone, die »Phosphorescent yellow Rose«. »Wir pflanzen die Bäume und die Bäume pflanzen uns« heißt das Projekt vom Kuratorenpaar Valeria Borrelli und Antonio Sacco. Die Idee ist, dass zwischen Kunst, Mensch und Natur ein ständiger Austausch stattfindet. Die Natur inspiriert die Kunst und die Kunst kommt auf die Natur zurück und lässt Geselligkeit entstehen: Die Menschen des Viertels kümmern sich rührend um das Bäumchen. Die *Semina d'arte*, das Kunst-Säen beruht auf einer ganz besonderen Dynamik: Man muss den Baum pflegen und man muss warten, dass er wächst, um zu sehen, wie er sich entwickelt. Das Moment des Wartens wird zur Kontemplation, und das ausgerechnet an einem Ort mitten in der Stadt, wo die Natur gänzlich fehlt. Was wird aus dem zarten Karobbaum werden? Die Hamburger Fotografin Ulrike Cameron Henn, die Patin zum Projekt stand, hat keine Zweifel. Man muss einfach regelmäßig vorbeischauen und mit den Einwohnern der *quartieri* ins Gespräch kommen.

14

U-BAHN-LINIE 1 BIS TOLEDO

Profanes und Heiliges in der Fastenzeit

Vor der Trattoria Da Nennella sind zwei junge Männer mit dem Aufbau eines Altars beschäftigt. Er wirkt eher wie eine selbstgebastelte Rummel-Installation aus Pappmaché. Darauf thront ein verblasstes Foto der Madonna dell'Arco. Noch ein bisschen am Tuch zupfen, dann ist er fertig.

Die jungen Männer geben ein Zeichen. Zwei Trompeter, zwei Trommler und ein Saxophonist legen los. Dann ertönt in der Gasse ein Pfiff: Eine Schar von weißgekleideten Jugendlichen positioniert sich in einer Reihe. Es folgen die Standarten (!). Die goldenen Fransen tanzen in der Luft. Die Bannerträger, junge Männer, wirken so stolz, als ob

VICO TEATRO NUOVO
SPANISCHES VIERTEL

sie das *Vexillum* des Römischen Reiches hüteten und wir das Jahr 100 v. Chr. schrieben. *I Fujenti*, die Fliehenden, bereiten sich jeden Samstag der Fastenzeit auf die große Prozession des Ostermontags vor, wenn sie zu Fuß zum Wallfahrtsort Sant'Anastasia laufen, etwa 15 Kilometer nördlich von Neapel.

»Neapel ist die einzige Stadt der Antike, die nicht untergegangen ist«, schrieb der Schriftsteller Curzio Malaparte. Seit Ende des 16. Jahrhunderts wird die Bogen-Madonna, die angeblich auf ein altrömisches Aquädukt gemalt war, inbrünstig verehrt. Aber hinter diesem Brauch stecken Jahrhunderte, will sagen Jahrtausende religiösen Eifers.

Wieder ein Pfiff: Die Jugendlichen bilden eine Reihe gleichgeschlechtlicher Paare. Pfiff: Die Bannerträger treten vor. Über eine weiße Hose hat jeder eine kurze Lederhose geschnallt, in der die Fahnenlanze platziert ist. Pfiff: Die Heranwachsenden gehen auf die Knie. Pfiff: Sie legen sich auf den Boden. Ihre weichen Wangen berühren die schmutzigen Pflastersteine. Pfiff: Die Bannerträger müssen nun ein Kunststück vollführen, sie müssen zum Altar laufen, die Bannerstange schwungvoll schwenken, ohne über die Kleinen zu stolpern und schließlich mit dem Banner die Santissima Madonna dell'Arco salutieren. Die Bewegung geht vom Schambereich in Richtung Ikone. Hin und her. Die Gesichter der jungen Männer sind angespannt, schweißüberströmt, blutrot. Die Lanze ist bleischwer. Der Rhythmus der Musik wird immer dringlicher. Selbst die Schaulustigen – zufällige Passanten wie Touristen – stehen fassungslos da: Was geht hier vor sich? Ein Bacchanal? Die Anbetung von Glück und Fruchtbarkeit?

Indes spielt die Kapelle die Filmmusik aus Francis Ford Coppolas *Der Pate*. Eine Anspielung darauf, dass das Spanische Viertel eine Hochburg der organisierten Kriminalität ist? Oder hat ein

Camorraboss die Prozession gesponsert? Ist doch die Madonna dell'Arco die Patronin von Dieben und Prostituierten. Es folgt Il Piave mormorò, ein patriotisches Kampflied aus dem Ersten Weltkrieg. Was hat es hier zu suchen? Ein älterer Herr zu meiner Seite weist mich auf eine Zeile des Liedes hin: *Non passa lo straniero*, kein Fremder soll über die Grenze kommen. Es hat nichts mit Ausländerfeindlichkeit zu tun. Hier wird zu verstehen gegeben: Das Spanische Viertel ist eine Welt für sich.

Pfiff: Die Jugendlichen stehen auf. Pfiff: Der Zug setzt sich langsam in Richtung Via Toledo in Bewegung. Vor jedem Geschäft bleibt die Prozession stehen. Mit roten Stoffbeuteln in der Hand laufen zwei Kinder in die Läden. Ihr Gesichtsausdruck ist fordernd, dezidiert: eine Spende. Man sagt, dass das nicht ganz freiwillig ist.

Aus einem Einfahrtstor kommt ein Paar. In dem Mann erkenne ich den Chefredakteur einer nationalen Tageszeitung. Er schaut auf die religiöse Ikone, dann richtet er den Blick nach unten, bekreuzigt sich, hebt den Kopf und schickt der Madonna einen Kuss. Keiner – nicht einmal er – kann sich dem Bann dieser Schutzgöttin entziehen.

15

U-BAHN-LINIE 1 BIS TOLEDO ODER MUNICIPIO

Da 'Ntretella: Pizza

VICO MADDALENELLA DEGLI SPAGNOLI 19

Selbst zerstreute Menschen wie ich merken auf Anhieb, sobald sie den Fuß aus der Wohnungstür gesetzt haben, dass Samstagabend ist. Bereits während man auf den Fahrstuhl wartet, weht einem das unverwechselbare Aroma von Tomatensugo und Mozzarella entgegen. Die Metalltür geht auf, der Nachbar kommt mit einem Jumbopizzakarton in der Hand aus dem Lift. Unterwegs in der Altstadt begegnet man immer wieder Vätern, die vorsichtig die Pizzakartons vor sich hertragen wie der Kardinal die heilige Monstranz. Nichts darf wackeln, damit der Mozzarella-Käse nicht verläuft. Hinter ihnen geht der kleine Sohn. In der Hand trägt er eine Tüte mit *il*

cuoppo, einem Papiertrichter voller frittierter Leckereien: Kroketten, Zucchiniblüten und -stiften, Reisbällchen.

Am Samstagabend isst der Neapolitaner Pizza, koste es, was es wolle. Die Woche ist vorbei, man hat keine Lust zu kochen. Der Beginn des Wochenendes soll gebührend zelebriert werden. Vor den einschlägigen Lokalen in der Altstadt sind Szenen zu erleben, wie es vielleicht im Krieg vor der Essensausgabe gewesen sein mag. In der Via dei Tribunali z. B. vor Sorbillo ist unter anderthalb Stunden Wartezeit nichts drin. Menschenmassen – Großfamilien und Gruppen von Freunden – verstopfen die Straße. Ein junger Mann tritt aus dem Restaurant. Für manche Hungrige vielleicht eine Vision wie die Jungfrau Maria von Lourdes. Er trägt ein Mikro in der Hand: »De Cicco zwei. Gambardella drei Personen – Sie dürfen Platz nehmen.« *Avanti,* sie werden platziert. Indes seufzen die anderen: »Aber warum dauert es so lange?«, fragt die Frau. »Siehst du es nicht? Da kommen welche, die sich die Pizza nach Hause mitnehmen!«, antwortet der Mann. Da hilft nichts außer *sbuffare,* sich Luft verschaffen.

Die alteingesessenen Neapolitaner haben dafür nur ein Kopfschütteln übrig. Eigentlich kann man überall in der Stadt eine gute Pizza bekommen, ohne lange Wartezeiten. Jeder von uns hat seinen eigenen ganz persönlichen Stadtplan der besten Pizzerien im Kopf. Wir gehen gern in Piazzetta Nilo, wo der köstliche Schmaus mit einem Ricotta-Käse gefüllten Rand zubereitet wird. Ganz nach den »Vorschriften« der Tradition geht es bei Attilio in der Pignasecca oder bei Ciro a Santa Brigida zu. Und mitten im Gewirr der Gassen im Spanischen Viertel befindet sich das Lokal 'Ntretella, benannt nach der zänkischen Freundin von Pulcinella. Neapels Nationalgericht schmeckt hier knusprig und weich zugleich. Die Tomaten stammen aus den Bergen bei Avellino, wo der Lokalinhaber einen Garten unterhält. Als wir satt und zufrieden aus dem Restaurant kamen, stießen wir auch hier auf eine Menschenschlange. Beim Vorbeigehen hörte ich eine Frau zu ihrem Mann zischen: »Nächstes Mal bleibe ich aber zu Hause!« Allerdings ist das nächste Woche alles schon längst vergessen. Nächste Woche geht man wieder hin.

16

U-BAHN-LINIE 1 BIS TOLEDO

Palazzo delle Poste

Kreuz und Wonne im Alltag der Neapolitaner. Jeder hat hier schon mal mehrere Stunden Schlange gestanden, um ein Paket oder ein Einschreiben aufzugeben. Die meisten gehen schnell vorbei, um die Obdachlosen, die unter dem Vordach entlang der Via Monteoliveto wohnen, zu vermeiden. Wie schade, weil man somit die Reste einer Klostergangsloggia aus der Zeit der Renaissance kaum eines Blickes würdigt. Man muss allerdings auch aufpassen, nicht in eine Tretmine der zu den Obdachlosen gehörenden Hunde zu laufen.
Der Anblick dieses Baudenkmals der Piazza Matteotti ist trotz allem genauso gewaltig wie am

PIAZZA MATTEOTTI 5

Tag der Einweihung. Als das Gebäude 1936 errichtet wurde, stellte das Bauprojekt die Architekten Giuseppe Vaccaro und Gino Franzi vor eine große Herausforderung. Das Grundstück war uneben, und an der Via Monteoliveto stand ein Kloster im Wege. Die meisten ignorieren heute die Geschichte dieses Bauwerks. Die monumentale Marmortreppe ist am Nachmittag Treffpunkt von Jugendlichen, die im Skateboard-Fahren wetteifern und ihre ersten Liebesabenteuer erleben. Nachts fallen die schwarzen Marmorsockel kontinuierlich den Graffiti-Sprayern zum Opfer. Vor allem an der zur Via Monteoliveto gelegenen Seite. Geschieht das, weil sie sich über die Inschrift »Anno 1936 XIV« der faschistischen Ära echauffieren?

Die 15 Meter hohe Eingangshalle strahlt noch immer den erhabenen, kühlen Charme des italienischen Rationalismus aus. Das aktuelle, türkisgelbe Corporate-Design der italienischen Post konnte ihre beinahe sakrale Aura zum Glück kaum beeinträchtigen. In den Sälen vor den Schaltern sitzen italienische Rentner neben Einwanderern aus Pakistan oder Sri Lanka auf verchromten Design-Hockern aus den 30er Jahren und warten geduldig, an die Reihe zu kommen. Eine Mutter mit Kopftuch lehnt sich müde an ihren Kinderwagen, in den sie das aufzugebende Paket gelegt hat, während der dreijährige Bengel auf einem Originaltisch aus Nickel und rotem Marmor fröhlich hin und her läuft.

Die Szene unterscheidet sich nur geringfügig von der Schilderung Jean-Paul Sartres aus dem Jahr 1936. Der französische Philosoph, der in jenem Jahr in einem Hotel in der nahen Via Fiorentini abgestiegen war, wurde von einer Greisin mit Kopftuch um Hilfe gebeten, »für sie ein Telegramm abzufassen, weil sie weder lesen noch schreiben könne. Sie können sich vorstellen«, schrieb Sartre weiter, »wie das zusammenpasst: das faschistische, moderne Neapel und diese analphabetische alte Frau in dem prächtigen Palazzo delle Poste.«

Ein sehr trauriges Ereignis passierte im *palazzo delle poste* im Oktober 1943: Eine Explosion verwüstete die westliche Fassade. Bevor die Nazis aus der Stadt flohen, hatten sie Zeitbomben gelegt. 30 Menschen starben, 84 wurden schwer verletzt. Wer sich für die Geschichte Neapels der letzten zwei Jahrhunderte interessiert, dem ist ein Besuch im in der ersten Etage untergebrachten Archiv der Tageszeitung *Il Mattino* zu empfehlen: in der Emeroteca Tucci befindet sich unter anderem ein langes Verzeichnis von damaligen, prominenten Post-Angestellten wie zum Beispiel E. A. Mario (1884–1961), einem der kreativsten Liedermacher Italiens. Von seinen mehr als 2000 *canzoni* ist »Santa Lucia Luntana« auch in Deutschland berühmt geworden.

17

I friarielli. Grüne Blätter für die Leidenschaft

Eine große Spezialität der neapolitanischen Küche sind *i friarielli*: mit Knoblauch und ein bisschen Chilischote in Olivenöl frittierte Stängelkohlblätter. Sie werden nur in Kampanien und in Apulien angebaut, wo sie aber *cime di rapa* genannt werden. Sie riechen ein bisschen nach Kohl, weil sie aus der Familie der Kreuzblütler stammen. Man isst die weichen Blätter, die Stängel und die Knospen. Also alles.

Die besten ihrer Sorte gibt es erst ab Mitte / Ende November. Die herbstlichen Frostnächte verleihen ihnen ein würziges Aroma mit einer leichten Pfeffernote. Davor schmecken die *friarielli* leicht bitter. Wir essen sie aber trotzdem. Reich an Vitamin A und Kalium, sollen sie den Appetit anregen und sogar entgiftend wirken. Ein Bund *friarielli* kostet zwischen 50 Cent und 1 Euro. Eine Speise der armen Küche, und dazu noch sehr einfach vorzubereiten. Weil die Neapolitaner die Blätter des Stängelkohls so liebten, wurden sie früher *mangiafoglia* genannt – Blätterfresser. Schon der Dichter Luigi Pulci erzählte 1470 seinem Mäzen Lorenzo de' Medici von der hiesigen Gewohnheit, Blätter zu essen. Und 1728 schrieb der Philosoph der Aufklärung Charles-Louis de Montesquieu, dass die Menschen in Neapel »allein von Kräutern« lebten und »nichts außer einem Paar Kniehosen am Leib« trugen.

Natürlich ist es heute nicht mehr so. Selbst in teuren Restaurants werden *i friarielli* angeboten, sogar in der Nouvelle-Cuisine-Variante als Mousse. In den Trattorias werden sie mit der süditalienischen Bratwurst serviert. *Friarielli* ohne *salsiccia* wäre quasi wie Neapel ohne den Vesuv.

Im rohen Zustand ist die Masse der Blätter enorm groß. Erst wenn sie im Topf gedünstet wird, reduziert sie sich so sehr, dass man oft befürchten muss, es würde nicht für alle reichen. Deswegen drängt der Gemüsehändler mich stets, zwei statt einen Bund zu kaufen. »Am Ende ist Ihr Mann so zufrieden«, sagt cr mit einem Schmunzeln. Angeblich sollen die grünen frittierten Blätter auch noch die Leidenschaft entfachen. Schon Plinius der Ältere schwärmte davon.

Ein linguistischer Hinweis zum Schluss: Nur in Neapel und in der unmittelbaren Provinz werden die Blätter der *Brassica rapa friarielli* genannt. An der Amalfitana und an anderen Orten in Kampanien bezeichnet man sie als *broccoletti*. Falls man dort *friarielli* bestellt, bekommt man kleine frittierte grüne Paprika serviert.

Altstadt

18

U-BAHN-LINIE 1 BIS UNIVERSITÀ

Ein grässlicher Mord an der Piazza San Domenico

Wenn man bei einem Aperitif auf der Piazza San Domenico sitzt, hat man nicht selten das Gefühl, einem Theaterspiel beizuwohnen: das Spiel des jungen neapolitanischen Lebens, der sich neu anbandelnden und bald wieder endenden Liebesgeschichten, von Familien und Freundschaften. Und tatsächlich spielt sich auch richtiges Theater ab. Vor der Säule des heiligen Dominikus (1737) improvisieren Straßenkünstler spätabends Musik. Rhythmen der Weltmusik vermischen sich mit den Refrains von traditionellen Volksliedern. Auch die Kleinen, die Kinder der Musiker, sind dabei. Einige haben gerade erst das Gehen gelernt, und jetzt wackeln

TIPP

IM ATELIER DES BILDHAUERS LELLO ESPOSITO (IM UNTERGESCHOSS) FINDEN REGELMÄSSIG LESUNGEN UND VERANSTALTUNGEN STATT.

sie schon mit ihrem Pampers-Popo zum Rhythmus der Trommeln mit. Dann treten Feuerschlucker und Jongleure auf. Oder echte Schauspieler, die Shakespeare deklamieren.

Die grandiose Kulisse der Piazza San Domenico sind vier stolz strahlende Palazzi. Rechts der Palazzo Petrucci, heute Synonym einer edlen Restaurantkette. Vor Palazzo di Sangro di Casacalenda kann man einen Blick in die Beletage werfen und das Deckenfresko mit dem »Traum von Alexander« bewundern. Und was verbirgt sich hinter der karmesinroten Fassade des Palazzo Saluzzo di Corigliano, heute Sitz der Universität L'Orientale? Eine altgriechische Mauer in der Aula Magna im Untergeschoss sowie ein vollständig erhaltenes Kabinett aus der Rokoko-Zeit in der zweiten Etage. Rechts daneben erhebt sich bei Hausnummer 9 düster der Palazzo di Sangro, Dreh- und Angelpunkt einer der grässlichsten Episoden der Stadtgeschichte. In diesem Haus erstach 1590 der Fürst Carlo Gesualdo (1566–1613) seine Frau Maria d'Avalos und ihren Geliebten Fabrizio Carafa. Sogar sein eigenes Kind brachte er in blinder Eifersucht um. Die nackten, verwundeten Leichen des Liebespaars stellte Gesualdo dann im Eingangstor zur Schau. Ganz Italien schauderte. Gesualdo floh vor der Rache der Familien der Opfer in seine Ländereien. Dort versank er in die dunkelste Depression und schrieb wehmütige Madrigale. Im 18. Jahrhundert zog Raimondo di Sangro, Fürst von Sansevero und Alchemist (1710–1771) ins Herrschaftshaus ein. Um die Ecke stehen heute in der Via Francesco de Sanctis Scharen von Touristen Schlange, um in der Familienkrypta der Sansevero die famose Marmorplastik des »verhüllten Christus« zu bewundern. Angeblich hatte der Aristokrat mit schwarzer Magie die geheime Formel des ewigen Lebens gefunden: Einem Bediensteten befahl er, seinen Körper nach dem Tod zu zerstückeln und eine von ihm genau bestimmte Zeit im Sarg ruhen zu lassen. Nach Ablauf dieser Frist wäre er auferstanden. Die Familie hielt sich leider nicht an des Fürsten letzten Willen und machte den Sarg vorzeitig auf. Sansevero, dessen Körper sich zurückgebildet hatte, schrak mit einem Schrei auf und gab endgültig seinen letzten Seufzer. Seitdem sind rund um den Palazzo nach Mitternacht Schritte und Schluchzen und das Rattern einer Kutsche zu vernehmen. Kehrt etwa der Geist von Raimondo di Sangro zurück? Oder ist es Maria d'Avalos, die nach ihrem geliebten Fabrizio sucht? Nein, es ist ein bärtiger Geigenbauer. In seinem Atelier im Hochparterre gibt er bei improvisierten Konzerten mit Freunden schrille Schreie von sich.

19

U-BAHN-LINIE 1 BIS DANTE ODER UNIVERSITÀ

Der Majolika-Kreuzgang von Santa Chiara

An einem Nachmittag im Mai drängt aus der Basilika von Santa Chiara die feierliche Melodie des Hochzeitsmarschs. Neugierig eile ich zum Balkon, um mir das frisch vermählte Paar anzuschauen. Unter Jubel von Freunden und Verwandten schreitet das Brautpaar langsam in Richtung des Klostergangs, der sich direkt hinter der Basilika befindet. Heute bleibt der Majolika-Kreuzgang für die Besucher geschlossen, weil dort die Hochzeitsgesellschaft feiert.
»Bestimmt war sie nicht billig!«, kommentiert meine Nachbarin schnippisch. Und sie meint nicht die lange seidene Schleppe der Braut. Santa Chiara ist die wichtigste Kirche Neapels. Wer hier eine Feier ausrichtet, stammt ga-

VIA SANTA CHIARA 49/C

TIPP

DIE FRESKEN IM KLARISSENCHOR AUS DER GIOTTO-ZEIT (EINGANG ÜBER DIE PIAZZA DEL GESÙ). DIE WANDMALEREI VERMITTELT EINEN EINDRUCK, WIE DIE BASILIKA IM MITTELALTER AUSGESEHEN HABEN MUSSTE.

rantiert nicht aus einfachen Verhältnissen.
Während die Basilika im Mittelalter durch Robert von Anjou und dessen Frau Sancha von Majorca als Franziskaner- und Klarissenkloster (1310–1340) gestiftet wurde, geht der Kreuzgang mit den bunten handbemalten Fliesen auf das 18. Jahrhundert zurück, als Architekt Domenico Vaccaro mit einer großzügigen Renovierung beauftragt wurde. Man befand, dass das Gebäude den Gewohnheiten der erlauchten Familientöchter nicht mehr angemessen sei. Wenn man bzw. frau schon auf die weltlichen Freuden verzichten musste, sollte sie in der Klausur wenigstens nicht die Lust an der Schönheit entbehren müssen. Die *riggiole* – Majolika-Fliesen, die die 64 Säulen und Bänke des Klosterganges verzieren – erfreuen mit fröhlichen Darstellungen ländlicher Idyllen und mythologischer Szenen auch heute noch das Auge. Das religiöse Sujet fehlt gänzlich. Nur in einem Fall verweist eine Szene auf das Klosterleben: Eine Nonne füttert die Katzen, die freudig herbeispringen. Eines Tages stellte die Äbtissin Ippolita di Carmignano mitten in den Bauarbeiten jedoch mit Schrecken fest, dass sie sich bei der Klosterrenovierung verspekuliert hatte. Trotz der großzügigen Spenden der aristokratischen Familien reichten die Ressourcen nicht aus. Und so war es eine königliche Hoheit aus Deutschland, die die Vollendung

des erstklassigen Gartens unterstützte: Maria Amalia von Sachsen (1724–1760), die Neapels König Karl von Bourbon geheiratet hatte.

Schließlich musste sich Gott höchstpersönlich einschalten, damit man sich im Klosterkomplex endlich wieder an die schlichten Regeln des Bettelordens erinnerte. Eines Tages wuchs auf einem Grab im Nonnenfriedhof eine filigrane weiße Lilie. Ein Gotteszeichen! – die Klarissinnen waren sich sicher. Da aber alle Gräber laut Ordensregel anonym sind, wussten sie nicht, ob die Blume auf die Tugend einer armen oder einer adligen Schwester hinweisen wollte. So wurde beschlossen, ab sofort bei den Bestattungen Arme von Reichen zu trennen. Natürlich wuchs keine weitere Blüte. Deswegen – so die Volkssage – sollen Kirche wie Nonnenfriedhof für immer und ewig schmucklos bleiben, um an die Geschichte der bestraften Überheblichkeit zu mahnen.

Im August 1943 verwüstete ein Bombenangriff der Alliierten das Areal massiv. Bis auf eine Wand im Klarissenchor wurden alle Fresken unwiederbringlich zerstört (siehe Tipp). Nach Kriegsende wurde die Basilika im ursprünglichen mittelalterlichen Stil restauriert, der Garten aber bekam seine spielerische Leichtigkeit aus der Barockzeit zurück.

20

U-BAHN-LINIE 1 BIS UNIVERSITÀ

Der Teufel des Palazzo Penne

PIAZZETTA TEODORO MONTICELLI 24

TIPP

DIE VEGETARISCHE TAPAS-BAR VERO, PIAZZETTA MONTICELLI 4/5. DREI JUNGE KÖCHE BIETEN VEGETARISCHE UND VEGANE GERICHTE AN. SELBST DER TEUFEL, BEKANNTLICH EIN FLEISCHESSER, WÜRDE SICH HIER DIE FINGER LECKEN (UND DIE FEHLENDEN GETREIDEKÖRNER ENTDECKEN …).

Jeder, der in der Altstadt lebt, kennt den kleinen Platz, aber kaum einer erinnert sich genau an den Namen. Geschweige denn an den bedeutenden Vesuvforscher und Mineralogen Monticelli (1759–1845), dem die Piazzetta zwischen den Gassen hinter dem Kloster Santa Chiara gewidmet ist. Dort, wo das Sträßchen Banchi Nuovi ein wenig breiter wird, liegt der Knotenpunkt für Fußgänger. Von der Universität kommend, läuft man an den alten, verwitterten Gebäuden vorbei Richtung Hauptpost und Via Toledo. Oder man geht links die dunkle Treppe Pendino der heiligen Barbara gen Hafen hinab. Der Schriftsteller Curzio Malaparte erzählt in sei-

nem Roman *Die Haut* (1949), dass in dieser Gasse schauererregende Zwerginnen vor den Türen ihrer dunklen Wohnhöhlen saßen und in der Nachkriegszeit amerikanische Soldaten lockten. Keines Blickes würdigte der umstrittene Autor – zumindest in seinem Roman – dem bedeutenden, aber verfallenen Palazzo Penne.

So geht es den meisten Fußgängern noch heute. Am ehesten fällt ihnen das auf ein Bettlaken gemalte bäurische Antlitz des Heiligen Padre Pio auf, das am ebenso verwahrlosten Nachbarhaus prangt. Schade, schließlich ist der Palazzo Penne eines der wichtigsten Frührenaissance-Gebäude der Stadt. Erbaut im Jahr 1406, in toskanischem Stil. Seit Jahren ist er dem Zerfall überlassen. Antonio Penne oder Penna – Feder – hieß der erste Sekretär des Königs Ladislaus. Und drei filigrane Federn sind auch auf den Steinen der Fassade als Relief zu sehen, neben den Lilien, dem Wappen des damaligen Königshauses. Ein Zeichen der bedeutenden Rolle und der Gunst, die der Hausherr am Hof genoss. Steht man heute vor dem bröckelnden Bauwerk, kann man sich nur schwer vorstellen, dass dieses einst eine der ersten Adressen im Neapel des 15. Jahrhunderts gewesen war. Der Innenhof soll so geräumig gewesen sein, dass vierzig Pferde und sechs Kutschen darin Platz hatten. Den Ort umweht eine Legende, die den erfindungsreichen und überaus abergläubischen Charakter der Neapolitaner ausgezeichnet beschreibt. Antonio Penne war in eine betörende junge Dame verliebt. Sie wollte in die Ehe aber nur unter der Bedingung einwilligen, dass der Anwerber in einer einzigen Nacht ein prächtiges Haus bauen würde. Gesagt, getan: Antonio verspricht seine Seele dem Teufel und bekommt im Gegenzug Palast und Jungfrau. Der schlaue Literat aber verlangt eine Klausel im Teufelspakt. Bevor er seine Schuld an Beelzebub zurückzahlt, muss dieser alle Getreidekörner auflesen, die Penna im Innenhof verstreut hat. Zum Schluss fehlen dem Teufel fünf Körner. Antonio hat sie zuvor in schwarzes Pech getaucht, deswegen bleiben sie an den Fingern des Luzifers haften. Der Teufel ist besiegt. Mit dem üblichen, feurigen Brimborium versinkt er – wie in jeder Fabel, die diesen Namen verdient – in die Unterwelt. Aus Furcht vor einer möglichen Rache ließ Penne über dem Haustor ein Epigramm des lateinischen Dichters Martial in den Stein hauen: Man sollte vor Neid die Stirn nicht runzeln und nicht das Glück der anderen beneiden …

War es eine späte Rache des Teufels, die das Baudenkmal so herunterkommen ließ? Obwohl ein Schildchen darauf hinweist, dass das Land Kampanien eine Sanierung mit EU-Mitteln plant, ist seit Jahren nichts passiert. In einem offenen Brief baten die Einwohner des Viertels niemand Geringeren als den Staatspräsidenten persönlich um eine Intervention zur Rettung des kostbaren Baus. Wer den aktuellen Stand der Dinge erfahren will, kann sich beim Bezirksbürgermeister Pino de Stasio erkundigen, der die Bar del Settebello in der Via Benedetto Croce betreibt und der passionierte Initiator der Petition ist.

Direkt gegenüber des Palazzo Penne hängt an der Fassade des ebenso brüchigen Palazzo Palmarice eine Marmortafel, über die wir immer wieder schmunzeln müssen. Das Edikt vom 10. Juli des Jahres 1773 verordnet, dass kein Müll vor die Einfahrt geworfen werden darf. Auch darf das Tor nicht mit Stühlen und laut redenden Menschen verstopft werden. Ob sich jemals einer daran gehalten hat? Auch nach 300 Jahren sitzen die Concierges vor den Haustoren und schnattern mit den Leuten, die ein oder aus gehen. Und der Müll? Entgegen aller Unkenrufe funktioniert die Mülltrennung ausgezeichnet.

21

U-BAHN-LINIE 1 BIS TOLEDO

Via Pino Daniele

Am Morgen des 4. Januar 2015 weckte mich mein Handy sehr früh. Meine Freunde teilten per WhatsApp ihren Schock mit: In der Nacht war der große Musiker Pino Daniele an einem Herzinfarkt gestorben. Als ich später in der Altstadt umherlief, drangen aus allen Läden die Klänge von Danieles melancholischen Songs. Auch begegnete ich immer wieder Gruppen von Jugendlichen, die bedrückt *Napul è* summten: »Neapel ist eine bittere Sonne, Neapel ist Meeresduft, Neapel ist ein schmutziges Papier, und keinen kümmert's.« Dieses Lied ist zu einer Art Manifest einer ganzen Generation geworden. In seinen Texten hatte der Songschreiber Ende der 70er Jahre den Stillstand in seiner von Problemen geplagten Heimatstadt thematisiert. Nun war er nicht mehr unter uns, und ganz Neapel trauerte.

Als ich dann nach ein paar Tagen in einen Lebensmittelladen hinter der Universität L'Orientale trat, kam mir Pino Daniele in Fleisch und Blut entgegen. Beinahe wäre ich in Ohnmacht gefallen, dann merkte ich aber, dass der gedrungene Mann dem verstorbenen Sänger nur sehr ähnlich sah. Aus dem Fernsehen erfuhr ich, dass die gesamte Familie Daniele in meinem Viertel geboren wurde. Der Mann, den ich zufällig getroffen hatte, ist sein Bruder und wohnt nur ein paar Straßen weiter. Und im Vi-

coletto Donn'Albina hatte der junge Pino sich selbst das Gitarrespielen beigebracht und seine ersten sozialkritischen Songs geschrieben.

In der Zwischenzeit habe ich oft beim Einkaufen Danieles Double gesehen. Noch immer sprechen ihn die Ladenbesitzer freundlich und rücksichtsvoll an, als wären nicht drei Jahre vergangen und als würden wir alle noch wie am ersten Tag nach dem Schock trauern.

Vor kurzem ist das Gässchen Donn'Albina in Via Pino Daniele umbenannt worden. Eine elektrische Gitarre, ein paar Rosen aus Kunststoff und eine Marmortafel: *Pino per sempre il popolo napoletano*. Es stimmt: Pino bleibt für immer im Herzen der Neapolitaner.

22

U-BANH-LINIE 1 BIS UNIVERSITÀ

Eine sehr antike Dame in der Krippenstraße

VIA SAN GREGORIO ARMENO 14

Die Gasse steht in jedem Reiseführer als Eldorado für Weihnachtskrippen. 365 Tage im Jahr warten hier Krippen, Statuetten und Zubehör jeder Art und in jeder Preisklasse auf Kundschaft. Und Touristen pilgern 365 Tage im Jahr hierher, um ... nein, nicht das neapolitanische Christkind oder die neapolitanische Gottesmutter, sondern Angela Merkel, Donald Trump oder Diego Armando Maradona als Krippenfigur zu bewundern. Die Krippenbauer sind die süditalienische Variante des *Time*-Magazins. Hier wird bestimmt, wer der Mann oder die Frau des Jahres wird! An Weihnachten ist jedoch die kleine Straße zwischen Via San Biagio dei Librai und Via dei Tri-

bunali ein bisschen wie die Hölle: voller Kauf- und Schaulustiger und genervter Einheimischer. Bereits an der Piazzetta Nilo in ca. 200 Metern Entfernung herrscht ein großer Menschenandrang, der immer dichter wird, je mehr man sich der berühmten Gasse nähert. Von den Auslagen sieht man nichts. Man schaut auf dunkle Wintermäntel und Bomberjacken von Mitstreitern, die vor einem in Schneckentempo die Gasse entlangschlurfen. Ab und an spürt man das Rad eines Kinderwagens, das gerade den eigenen Fuß zermartert. Aufgrund des Touristenstroms wird San Gregorio Armeno an den Adventswochenenden ab dem Feiertag des 8. Dezembers sogar für Fußgänger zur Einbahnstraße. Kurz: Interessiert man sich für die Krippen, kommt man besser im Sommer hierher! Ein Geheimtipp: Wunderschön ist die Gasse frühmorgens, wenn die Geschäfte mit den famosen Krippenfiguren noch nicht aufgemacht haben. Ein besonderes Highlight befindet sich bei Hausnummer 14. Beim Laden Alpa 3 Presepi ist ungefähr in Hüfthöhe ein antikes, verwittertes Relief zu bewundern. Es zeigt eine weibliche Figur in drapierter Toga. In der rechten Hand trägt sie eine Fackel, in der linken einen Korb. Wie und warum dieses Kunstwerk in der Fassade eines Gebäudes aus dem 15. Jahrhundert eingebaut wurde, ist unbekannt. Die Fackel lässt vermuten, dass es sich dabei um eine dem Kult der Demeter geweihte Jungfrau handelte. Cicero schreibt, dass die Demeter-Priesterinnen aus Neapel besonders gefragt waren. Über dieses 20 x 40 cm große Relief kursieren unterschiedliche Theorien. An diesem Ort des Krippenkommerzes stand vor 2000 Jahren ein Demeter-Heiligtum. Überliefert sind die Beschreibungen der Mysterien von Eleusis. Die Adepten des geheimen Zirkels erleuchteten die Nacht mit tausend Fackeln und wiederholten damit das Drama der Göttin Persephone, die nach ihrer toten Tochter sucht. Falls Sie nicht zu den Frühaufstehern gehören und das Relief nicht auf Anhieb finden, fragen Sie im Laden Alpa 3 Presepi nach Aldo. Der Geschäftsinhaber stellt tagsüber einen Auslagetisch davor, um die antike Jungfrau zu schützen. Zu viele Hände haben 2000 Jahre lang ihr Kleid gestreichelt!

23

U-BAHN-LINIE 1 BIS PIAZZA DANTE ODER DUOMO (AB 2019)

Ein kleines, geräuschloses Eden: der Klostergarten San Gregorio Armeno

Was machte man bzw. frau, wenn man in einer reichen Familie geboren wurde und vor einem schon zwei Sprösslinge auf die Welt gekommen waren? In der neapolitanischen Welt des 17. Jahrhunderts musste die Tochter nolens volens den Weg ins Kloster nehmen, damit das Familienvermögen weiterhin ein Vermögen blieb. »Atrium Sacrarum aedum in quivibus benedectinae virginae patriciae ...«: Auch im Benediktinerinnen-Kloster des San Gregorio Armeno führten die *signorine* ihr an Entbehrungen armes Leben weiter. Denn Wohlgeborene blieb man immer, auch als Nonne.

Der Klostergarten befindet sich fast unmittelbar an der gleichna-

VIA SAN GREGORIO ARMENO 1 / EINGANG VICO GIUSEPPE MAFFEI
9.30-12.00 UHR

TIPP

NEBEN DEM EHEMALIGEN KLAUSURKLOSTER BEFINDET SICH L'ASILO FILANGIERI, DAS INTERESSANTESTE ZENTRUM DER STADT FÜR OFF-KULTUR. GANZJÄHRIG FINDEN HIER SPANNENDE FILMREIHEN, KONZERTE UND EVENTS FÜR JUNGE LEUTE STATT.

migen, quirligen Krippengasse, der großen Attraktion der Altstadt. Vielleicht bleibt er gerade deswegen von vielen unbemerkt, so unscheinbar ist der Eingang auf der rechten Straßenseite, von der Via dei Tribunali kommend. Läuft man durch das Gittertor und über die abgenutzten Treppenstufen, lässt noch nichts vermuten, dass hinter den hohen Mauern eine kleine, fabelhafte Oase der Ruhe versteckt liegt. Der Blick wandert auf ein paar müde Pflanzen rechts und links der Treppe. Man glaubt schon den muffigen, feuchten Klostergeruch zu spüren. Ein paar Stufen weiter entdeckt das Auge Wandmalereien, in acht Metern Höhe. Trompe-l'œil, Landschaftsdarstellungen von Gärten und Wäldern. Der letzte Abschiedsgruß, den die *signorine* an die mondäne Welt der Lust und des Müßiggangs richteten, bevor sie für immer in die Klausur gingen. Ein massives, frisch restauriertes Eichentor markiert die Grenze zwischen Vorher und Nachher, zwischen Weltlichem und Heiligem.

Sobald ich die Schwelle überschritten habe, heftet aus einer Pförtnerloge eine alte Nonne ihren Blick auf mich, ihre grauen Zähne lächeln mich konspirativ an. Sie nickt und zeigt auf den Auslagetisch neben der Loge und auf die kleinen, selbstgebastelten Spielzeuge und Häkelspitzen, die gegen eine kleine Spende, *a piacere* – freiwillig, zum Verkauf stehen. Ich richte den Zeigefinger zunächst auf die Sachen, dann lasse ich die Hand kreisen: will heißen *dopo*, später. Die Nonne nickt zufrieden. Durch eine verglaste Tür trete ich in den Kreuzgang. Die Wucht der Stille prallt gegen meinen Körper. Gerade vor einer Minute stand ich mitten im pulsierenden Getümmel der Krippengasse, in der sich die *Ahs* und *Ohs* der Touristen mit dem Blöken des Pulcinella-Verkäufers vermischten, und plötzlich bin ich hier: katapultiert in ein kleines, geräuschloses Eden. Eine leichte Brise bewegt die Zweige der Orangenbäume. Ein paar Besucher sitzen auf den Metallbänken im Schatten der Äste. Nach einer langen Sanierung wurde der Klostergarten 2015 anlässlich des 100-jährigen Gedenktags des Völkermords an den Armeniern wiedereröffnet bzw. – wie die Neapolitaner lieber sagen – *restituito alla città*, der Stadt zurückgegeben. Das Klausurkloster mit dem Kreuzgang (gebaut 1572 auf einer Kirche aus dem 8. Jahrhundert und erweitert 1644) war für die Öffentlichkeit unzugänglich, bis im Jahr 1922 die klösterliche Regel der Einsamkeit abgeschafft wurde.

Ich blicke nach oben an den ockerfarbenen Wänden vorbei, in Richtung der mit Majolika dekorierten Kuppel. Wer weiß warum, aber von hier aus gesehen, wölbt sich Neapels Himmel noch azurblauer als sonst. Alles ist still.

In der Mitte steht zwischen gepflegten Hecken ein Marmorbrunnen mit Pferden, Delphinen und Muscheln. Und davor zwei lebensgroße Statuen von Christus und der samaritanischen Frau. Heute widmen sich die Benediktinerinnen der Fürsorge der Armen. Über hundert Mahlzeiten am Tag werden hier verteilt. Aus den Zellen der oberen Etagen – heutzutage würde man sie als Suiten bezeichnen – konnten die Nonnen trotz des Abgesondertseins ihren Blick über die Kuppeln, die Gärten und das glänzende Meer im Hintergrund schweifen lassen.

Wie schön es hier ist. Man möchte einfach nicht mehr weg! Aber plötzlich tritt eine philippinische Nonne heran, ihre Gesichtszüge sind streng: *chiudiamo*, wir schließen. Die Töne der Glocke des Ave-Maria schwingen in der Luft. Punkt 12 Uhr werden wir dezidiert nach draußen gebeten. »Schlimmer als in der Schweiz«, seufzt eine Touristin. Mit gesenktem Haupt verlassen wir den Zaubergarten, aber nicht ohne eine Offerte entrichtet zu haben. »Gott segne Sie«, sagt die greise Ordensschwester.

Sobald wir auf der Steintreppe sind, wird das massive Tor hinter uns mit einem entschiedenen Ruck geschlossen. Kurz darauf surrt der Türöffner des externen Gittertors. Mit den Augen gen Boden gerichtet, bewegen sich alle wie reuige Pilger in einer Schlange in Richtung Ausgang. Als das Gittertor hinter uns zugeschlagen wird, denke ich: »So, so, wir werden aus dem Paradies vertrieben, aber morgen um 9 Uhr 30 bin ich wieder hier!«

24

Drei von zweiundfünfzig (Stadtheiligen)

Am ersten Samstag im Mai verlässt der Stadtpatron San Gennaro seinen Sitz im Dom, um der Kollegin Santa Chiara in ihrer Basilika seine Aufwartung zu machen. Für die 800 Meter durch die Gassen der Altstadt braucht er über drei Stunden. Eine Karawane von Heiligen geht dem Januarius voraus: Dutzende silberner Büsten von Märtyrern und Propheten werden mit der Prozession durch Spaccanapoli getragen. Vor dem Tor der Kirche angekommen, muss jeder Heilige stehen bleiben, bis sein Name laut ausgerufen wird, als ob er bei einem Aristokratenball im Königshaus wäre. Erst dann darf er ins Kirchenschiff eintreten. Bei jedem Namen

VIA DUOMO 147,
VIA SAN GREGORIO ARMENO 1
UND VIA SANT 'ASPRENO 2

bebt und jubelt die Menge, Flaggen und gefiederte Banner winken den erhabenen Autoritäten zu. Sogar die Carabinieri, die an diesem Tag ihren Hut mit dem weiß-roten Bommel aufgesetzt haben, applaudieren. Wenn später die Büste des Stadtheiligen mit dem düsteren Gesicht ihren Platz auf dem Hauptaltar eingenommen hat und der Kardinal *il miracolo*, das Wunder der Blutverflüssigung, ankündigt, läuten die Glocken des romanischen Campanile 20 Minuten lang.

Was ist denn so Besonderes an diesem San Gennaro, fragen pikiert die Anhänger der heiligen Patricia (7. Jahrhundert). Das Blut der Heiligen ihres Herzens verflüssigt sich viel häufiger. Nämlich einmal die Woche. Immer dienstags um halb elf!

Patricias Reliquien sind in der Kirche des San Gregorio Armeno in der gleichnamigen Krippengasse aufbewahrt. Die Legende: Im Mittelalter hatte ein Ritter Santa Patricia so inbrünstig um seine Genesung angebetet, dass er nach einer Nachtwache nicht mehr imstande war, sich von ihr zu lösen. Er wollte wenigstens eine kleine Erinnerung mitnehmen. So brach er den Sarg auf und riss einen Zahn vom leblosen Körper ab. Frisches Blut entsprang der Wunde, als ob die 665 n.Chr. gestorbene Patricia leben und gerade nur ein Nickerchen halten würde. Seitdem verflüssigt sich das in zwei Ampullen aufbewahrte Blut immer wieder. Auf Abruf. Vor allem Single-Frauen pilgern wöchentlich in die Basilika. Man sieht sie vor einer Zwergin-Nonne knien und hört, wie sie gemeinsam unverständliche Sätze flüstern. Nachdem sie das Blutfläschchen, das in einem mit Silber und Gold verzierten Schrein aufbewahrt wird, angebetet, berührt und geküsst haben, verlassen sie leichtfüßig die Kirche. In Neapel sagt man *vedere, toccare, credere*. Sehen, berühren, glauben: In kürzester Zeit finden sie dann ihren Ritter, will sagen einen neuen Freund.

Und wissen Sie, woher der Name Aspirin stammt? Für uns Neapolitaner hat nicht die Salicylsäure, sondern der hl. Asprenas dem schmerzstillenden Mittel den Namen gegeben. Auf seiner zweiten Reise von Antiochia machte der heilige Petrus Station in Neapel, wo er Asprenas von dessen permanenten Kopfschmerzen befreite und ihn kurzerhand auch zum Oberhaupt der Kirche des Ortes weihte. Zwei Köpfe mit einer Klappe. In einem unterirdischen Gewölbe an der Piazza Borsa ist die frühchristliche Kapelle des ersten Bischofs von Neapel zu besichtigen: ein kleiner Altar mit einem wundertätigen Stein. Im 7. Jahrhundert kamen migränegeplagte Gläubige von der ganzen Welt hierher, legten ihren Kopf auf den Stein, und weg war das Kopfweh. Ohne Aspirin. Ob die Heilung von den Schmerzen noch heute anstandslos klappt?

25

La mamma – Eine moderne Votivtafel

VIA DEI TRIBUNALI / ECKE VICO DEL FICO AL PURGATORIO

TIPP

DIREKT GEGENÜBER VERKAUFT DIE BÄCKEREI PANETTERIA COPPOLA *TARALLI*, DIE BESTEN SALZMANDELBREZELN DER STADT.

Jedes Mal, wenn ich in dem kleinen Geschäft unter den Arkaden eines verwitterten Palazzo in der Via dei Tribunali einkaufe – nebenbei: Das riesige Holztor ist das älteste in ganz Neapel, über 700 Jahre alt! –, jedes Mal versucht der Händler, mich ein bisschen über den Tisch zu ziehen. Wenn ich nicht aufpasse, entdecke ich zu Hause unter den Pfirsichen mindestens einen, der schon ein wenig angefault ist. Meine Freundinnen zischen: »Warum kaufst du auch nicht beim Bio-Supermarkt ein?« (So was gibt es mittlerweile auch in Neapel.) Aus sentimentalen Gründen: Vor Jahrzehnten befand sich ein paar Schritte weiter ein Gemüseladen, eigentlich eher

ein Holztisch als ein Geschäft, der von einer sympathischen, alten Dame geführt wurde. Heute hängt dort eine kleine Tafel mit Marmorrahmen: »Meiner Mutter. In dieser Ecke mitten im Herzen Neapels verbrachte Gelsomina Cammarano ihr Leben und trug Neapel stets in ihrem Herzen.« Das alte Farbfoto zeigt die *signora* im geblümten Kittel vor Apfelsinen- und Gemüsekisten, ihre Hände in die Hüften gestemmt. Und natürlich lächelt sie uns an. »Eine Institution war Gelsomina nicht nur wegen ihrer Gutmütigkeit, sondern auch wegen der zu ihren Füßen scharrenden Hühner, deren frischgelegte Eier sie selbstverständlich verkaufte«, erinnert sich der Journalist Andreas Schlüter, der lange in der Altstadt gelebt hat.

Ich mag dieses Bild sehr. Es zeugt von einem ganz bestimmten Geist dieser Stadt. Die Gedenktafel reiht sich ein in die Tradition der Votivnischen, mit denen die Neapolitaner an jeder Ecke und in den verschiedensten Ausführungen ihrer verstorbenen Angehörigen gedenken. Neben Darstellungen der Heiligen Jungfrau stehen kleine Farb- oder Schwarzweißfotos, auf denen die Toten glücklich lächeln, als ob sie noch unter uns wären. Einige Altärchen scheinen in Vergessenheit geraten zu sein, vor anderen stehen frische Blumen und es brennen die roten Kerzen. Man kann sagen: Die Neapolitaner haben ein großes Herz. Aber sie haben auch die Seele eines wahren Anarchisten. Ungeachtet der Vorschriften über die Nutzung öffentlicher Flächen platzieren sie ihre Fotos und Inschriften, wo es ihnen passt. Das war das Neapel, das *signora* Gelsomina stets in ihrem Herzen trug.

26

U-BAHN-LINIE 2 BIS PIAZZA CAVOUR
ZU FUSS CA. 10 MINUTEN AB PIAZZA SAN DOMENICO

Farmacia storica degli Incurabili

Gli Incurabili – die Unheilbaren, mal ehrlich: Dieser Name macht einem ein bisschen Bange. Aber als 1521 Maria Longo, Adlige und Äbtissin, das gleichnamige Krankenhaus stiftete, meinte sie genau das Gegenteil. Egal ob arm oder reich – jeder, der an diesem Tor klopfte, konnte sich sicher sein, behandelt zu werden. Ein besonderes Augenmerk lag damals auf der Pflege der vielen Schwangeren. In der Hauptstadt des Königreichs beider Sizilien wimmelte es von Soldaten, Priestern und Prostituierten. Erwartungsgemäß lag ein weiterer Schwerpunkt des Spitals auf der Behandlung von Geschlechtskrankheiten. Nach wie vor steigen Ärzte in weißen Kitteln die mo-

VIA MARIA LONGO 50

numentale Steintreppe rauf und runter. Seit fünfhundert Jahren dienen die verfallenen Gebäude ununterbrochen der Heilung und Linderung von Krankheiten, dem maroden italienischen Gesundheitssystem zum Trotz.

Die historische Apotheke des Hospitals ist ein Juwel der Medizingeschichte. Mehrere Jahrhunderte und einige Kunsträuber hat sie unbeschadet überlebt. Eine gewendelte Treppe führt ins erste Stockwerk. Oben empfängt uns die steinerne Fratze eines Teufels: Pharmakon heißt auch Gift – es kommt nur auf die Menge an. Noch bis Anfang des 20. Jahrhunderts wurde in dieser Apotheke das Theriak, eine aus Schlangengift gewonnene Substanz, zusammengemischt, die – so der Aberglaube – die Nerven stärkt und die Leidenschaften besänftigt. Ein Allheilmittel. Über den Ladentisch im ersten Raum – aus massivem Nussholz – gingen jahrhundertlang Rezepte und Medikamente hin und her. Die Wandregale sind bis unter die Decke mit blauweißen Keramikgefäßen bestückt. Neapel war übrigens vor der Französischen Revolution ein blühendes Zentrum der Produktion von bemalter Keramik. (Berühmt ist der Majolika-Kreuzgang in Santa Chiara.) Da es in jedem Kloster und Konvent prächtige Kräutergärten gab, die von heilkundigen Mönchen und Nonnen gepflegt wurden, war die Nachfrage nach Keramikgefäßen besonders groß. Wer in der Farmacia zu viel nach oben schaut, den erinnert ein strenger Wächter sofort daran, dass man den schmalen Laufteppich niemals *(never! mai!!! jamais!!!!)* verlassen darf. Zum Schutz des kostbaren Majolika-Fußbodens.

Der Cerberus öffnet nun ein rotes Absperrseil, und wir dürfen in den zweiten Raum treten, dessen Wände ebenfalls von Keramikvasen bedeckt sind. »Erst« im 18. Jahrhundert wurden die Vasenregale gestaltet, wobei nicht ein Blatt Schafgarbe oder Salbei jemals in einem der Gefäße gelegen hat. Der Saal wurde ausschließlich zu Repräsentationszwecken genutzt. In ihm trafen Koryphäen von Alchemie und Wissenschaft aufeinander, um den neuesten Stand der Forschung auf allen Gebieten zu diskutieren. So wurde hier auch die Entdeckung der vom Vesuv verschütteten Stadt Pompeji bekannt gegeben. Ein Ort der Aufklärung, und doch sorgsam abgeschottet vom Rest der Welt: gedämpftes Licht, rätselhafte Zeichen, jeder Schnörkel ein Symbol, das nur für Eingeweihte lesbar ist. Angeblich pilgern noch heute Mitglieder geheimer Freimaurerlogen hierher. Ein kleines Plakat kündigt ein Falsettstimmen-Konzert der Musikhochschule »San Pietro a Majella« an. Auch das hat Tradition: In diesem Raum wurde zu allen Zeiten Musik gemacht – der Klang der hohen Knabenstimme galt im 18. Jahrhundert als Inbegriff des überirdisch Schönen. »Im *ospedale degli incurabili* wurden über achttausend Kastrationen vorgenommen«, erzählt der Führer. Ein Herr mit Glatze muss schlucken. »Die Nachfrage nach außerordentlichen Stimmen war damals sehr groß, und die Armut unvorstellbar«, fährt unser Cicerone fort: »Wer sich dafür interessiert, kann seine E-Mail-Adresse in einem Formular eintragen.«

»Ähm, Entschuldigung, meinen Sie ... für die Kastration...?«, fragt der Herr mit Glatze, der ein weiteres Würgen nicht unterdrücken kann. Sogar der Cerberus kommt jetzt nicht umhin, sich dem allgemeinen Gelächter anzuschließen.

27

U-BAHN-LINIE 1 BIS STATION DANTE

Die Straße der *bouquinistes*

VIA PORT'ALBA

TIPP

IN DER BUCHHANDLUNG BERISIO LÄDT EINE KLEINE BAR ZUM VERWEILEN EIN. IM WINTER VERSINKT MAN IN EIN PLÜSCHSOFA, IM SOMMER SITZT MAN AUF HOCKERN UNTER DEM HIMMEL.

»Maria Carmen, vermisst Ihr am Goethe-Institut das Buch ›...‹?« Eines Tages überraschte mich ein Freund mit dieser Frage. Beim Stöbern in einem Buchantiquariat in Port'Alba hatte er einen abgewetzten Band gefunden, der einmal Eigentum der deutschen Bibliothek gewesen war. Für den schlappen Preis von 1,50 Euro erwarb er es und brachte es mir ins Büro, um es dem rechtmäßigen Besitzer, dem deutschen Kulturinstitut, zurückzugeben. Aus Stempel und Signatur konnte rekonstruiert werden, dass die germanistische Abhandlung in den 70er Jahren aus der Bibliothek des Goethe-Instituts entwendet worden war. Ich hielt den Wälzer in der Hand,

schaute auf die vergilbten Seiten und versuchte mir vorzustellen, wie viele Hände vor meinen darin geblättert hatten.
Port'Alba ist das Königreich der *bouquinistes* und Bücherfreunde. Von der Piazza Dante kommend, biegt man rechts durch ein imposantes Stadttor aus dem 17. Jahrhundert in eine kleine, leicht ansteigende Straße, die auf beiden Seiten von Buchauslagen gesäumt ist. Bücher für jeden Geschmack: Romane und Gedichtsammlungen, Schulbücher für alle Klassenstufen, Kunstkataloge, Kochbücher, Ratgeber, Reiseführer und, und, und. Neu oder gebraucht aus zweiter, dritter, wer weiß wievielter Hand. Jeder bleibt beim Vorbeigehen kurz stehen und stöbert ein wenig in den Bücherstapeln. *Chissà* ... denken die Leseratten, man weiß nie, ob sich nicht etwas Interessantes findet. Einige Antiquariate wie Berisio verkaufen auch seltene und kostbare Bände. Man kann nicht sagen, dass das Geschäft boomt. Es ist allgemein bekannt, dass sich Italien mit seinen Leserzahlen nicht brüsten kann. In Kampanien ist es noch ein bisschen schlimmer. Vor ein paar Jahren ging die größte Buchhandlung Guida in Konkurs. An den großen Ausverkauf, bei dem plötzlich alle Neapolitaner samt derjenigen, die kein einziges Mal im Jahr ein Buch in die Hand nehmen, Schlange standen, erinnern noch

ein paar handgeschriebene Zettel: 3 Bücher – 5 Euro. Die meisten Buchhändler beziehen ihre Ware von Wohnungsauflösungen. Vielleicht entsprang auch unser Band einer Entrümpelung. Wenn im September das Schuljahr beginnt, sieht man unter den Bögen von Port'Alba junge Leute Trolleys hinter sich herziehen. Drin sind die Bücher vom letzten Schuljahr, die sie verkaufen möchten. Bald geht es an die Uni. Oder man beobachtet vor dem Eingang einer Buchhandlung Pubertierende mit ihren Eltern tuscheln. Die Mutter holt einen fast zerfledderten Zettel aus der Handtasche. Die Kinder schauen sie erwartungsvoll und auch ein bisschen erschrocken an: Soll ich jetzt selber danach fragen? Wie viele Neapolitaner haben in Port'Alba den ersten Schritt ins Erwachsenenleben getan! Die Eltern begleiten einen zwar, aber fragen muss man selbst. Neben dem Lesestoff für die Schule erwirbt man zum Schluss auch ein Büchlein, von dem man gehört hat, man müsste es in diesem Alter lesen: Hermann Hesses *Siddhartha* oder Cesare Paveses *Der Mond und die Feuer*. Und wenn der Magen knurrt, legt man eine kurze Pause vor der Antica Pizzeria Port'Alba (gegründet 1830) ein und isst für zwei Euro einen heißen Pizzafladen auf der Straße. Was soll's, wenn der Tomatensugo auf die Bluse tröpfelt? Die Bücher sind im Plastikbeutel sicher verstaut. So gut wie hier schmeckt es nirgendwo im Stehen!

28

Un gelato al limone auf der Piazza Dante

Als wir Kinder waren, freuten wir uns im Sommer ungemein auf den Nachmittag. Nicht wegen des Parkbesuchs mit Großmutter und Cousinen. Sondern wegen des Zitroneneises! Gespannt versuchten wir, zwischen den Oleanderhecken das Wägelchen zu erspähen und sprangen vor Freude, sobald wir das Klappern der Walze hörten, mit der die geschmeidige Zitronensaftmasse per Hand gerührt wurde. Wir ahnten weder, dass die Araber den Genuss des Zitronensorbets im fernen 8. Jahrhundert in Süditalien eingeführt hatten, noch dass die leuchtenden Agrumen ein nicht mehr wegzudenkender Topos Süditaliens sind. Aber schon in unse-

TIPP

NEBEN DEM DOM IN AMALFI VERKAUFT EINE KONDITOREI EXZELLENTE GETROCKNETE ZITRONEN- UND ORANGENSCHALEN. BESONDERS LECKER, WEIL SIE KAUM GESÜSST SIND.

rem zarten Alter konnten wir mit verbundenen Augen die herkömmlichen *limoni* von denen aus Sorrent und Amalfi unterscheiden: den Zitronen schlechthin. Beliebt sind sie wegen ihres milden Aromas. Bei Ausflügen an die amalfitanische Küste hatten unsre Eltern sie an Straßenständen gekauft und uns gezeigt, wie man die borkigen, fast melonengroßen Früchte mit der Hand teilt und den süßlichen weißen Innenteil samt Schale isst.

I carrettini, die Wägelchen, haben sich bis ins einundzwanzigste Jahrhundert gehalten. Auch wenn das gecrunchte Eis bisweilen schon fertig im Drei-Sterne-Tiefkühlfach liegt und das Sorbet mit industriell hergestelltem Fruchtsirup abgeschmeckt wird, geben sie stets ein romantisches Bild ab, wie sie zum Beispiel an der Via Toledo die Kunden locken. Angeblich wegen der nicht immer einwandfreien hygienischen Bedingungen raten die eingefleischten Neapolitaner davon ab. Sie ziehen eher die *chioschi* vor. Als ich nach vielen Jahren in Deutschland zurück nach Neapel kam, entdeckte ich überrascht, dass sich Don Alfredos Kiosk – seit 1946! – auf der Piazza Dante gehalten hatte. Und vis-à-vis, auf der anderen Straßenseite, steht im Sommer immer noch der *carrettino*. Die Auswahl an Produkten indes ist beim Kiosk deutlich gestiegen. Außer dem klassischen Zi-

tronensorbet hat man die Wahl zwischen Kiwi, Pfirsich oder grünem Apfel, frisch gepressten Fruchtsmoothies und Gemüsesäften, die im Sekundentakt über den Ladentisch gehen.
Im Winter verschwinden die fliegenden Händler. Der Kiosk reduziert seine Aktivität. Besonders in der Weihnachtszeit ziehen wir getrocknete Zitronen- und Orangenschalen vor. Und natürlich schmecken die aus Amalfi am besten …

29

Sprachlos! Linguine im Mantel

RISTORANTE E PIZZERIA BELLINI
VIA COSTANTINOPOLI 79 / 80
WWW.ILBELLINIRISTORANTE.IT

Wenn es um gutes Essen geht, kommt niemand so ins Schwärmen wie die Süditaliener. Egal ob *pranzo* oder *cena* (Mittag- oder Abendessen), Neapolitaner reden am liebsten über Rezepte und Restaurants. Es wird in Erinnerungen geschwelgt: »Weißt du noch ... wie gut *nonna*, die Großmutter ...? Was war nochmal ihr Trick? ... *No-no-no,* sie machte es ganz anders ...« Aber vor den *linguine al cartoccio* im Ristorante e Pizzeria Bellini verschlägt es allen die Sprache. Zu köstlich sind die Bandnudeln mit Muscheln, Krabben und Tintenfischen!
Die Gaststätte befindet sich an der gleichnamigen Piazza Bellini, dem Nabel des Szeneviertels in der Altstadt. Seit dem Grün-

dungstag 1947 wird hier Pizza auf der Straße im Minutentakt verkauft. Das eigentliche Restaurant befindet sich in der ersten Etage. Im Erdgeschoss stehen nur ein paar Tische direkt auf dem Bürgersteig. (Man sitzt draußen übrigens ein bisschen unbequem, weil die Straße abschüssig ist.)

Eine Treppe führt ins obere Stockwerk. Während wir hinaufsteigen, werfe ich einen Blick in die offene Küche, wo mehrere Männer in weißen Kitteln zwischen Herd und Steinofen beschäftigt sind. Einer heftet seine Augen auf mich, lächelt und zeigt auf eine noch leere Servierplatte. Indes dreht sich der Pizzabäcker um, die Schaufel in der Hand lässt er einen aus Backpapier bestehenden Beutel sacht auf die ovale Edelstahlplatte heruntergleiten. In dem Papierbündel werden die Bandnudeln zusammen mit den Meeresfrüchten und den süßen Tomätchen vom Vesuvhang (*pomodorini del piennolo*) direkt im Pizzaofen gegart. Was für ein Schauspiel, wenn der Kellner die Spezialität an den Tisch bringt! Im Schutz des Pergamentpapiers schmort und brutzelt ein exquisites Pastagericht. Mit einer theatralischen Geste stellt der dickliche *cameriere* das silberne Tablett auf den Nebentisch, schaut fragend die Kunden an, nickt sich selbst ein »okay« zu und öffnet dann schwungvoll *il cartoccio*. Eine herrlich nach Fischsugo duftende Dampfwolke breitet sich im ganzen Lokal aus. Der Kellner nickt erneut zufrieden, greift zum Besteck und fängt an, rasch die Teller zu füllen. Die Nudeln müssen ganz heiß genossen werden. Am Nebentisch guckt derweil eine Gruppe englischer Touristen ein bisschen neugierig, ein bisschen neidisch zu. Ihre nach unten hängenden Mundwinkel verraten den heimlichen Gedanken: »Warum haben wir uns bloß mit einer einfachen Pizza Margherita begnügt?« So ging es auch mir. Jahrelang bin ich an diesem Restaurant vorbeigegangen und habe es – zugegeben ziemlich hochnäsig – als touristischen Schuppen betrachtet, bis ich die sagenhaften *linguine* entdeckte. »*Uagliù, m'arraccumann'*, aufgepasst, Jungs ...«, sollen die Gaststättengründer – Donna Vincenza und Tommasino – ihren Kellnern stets zugerufen haben: »... wenn der Kunde nach Hause geht, muss er uns in bester Erinnerung behalten!« Und so ist es auch.

30

U-BAHN-LINIE 1 BIS DANTE

Kunstraub. Nur ein Beispiel … San Giuseppe delle Scalze

Ein großes Problem Neapels, so groß wie die Camorra und die Jugendarbeitslosigkeit, ist der Kunstraub. Schon Goethe wunderte sich 1787 über die allzu reiche archäologische Sammlung des britischen Gesandten William Hamilton und rätselte über ihre Herkunft. Besonders schlimm wurde es nach dem verheerenden Erdbeben im Jahr 1980. Während man in Kampanien die Opfer zählte, blieben viele Baudenkmäler, säkularisierte Kirchen und verlassene Kloster komplett schutzlos zurück. *Un supermercato*, ein Selbstbedienungsladen! Altäre, Böden mit Marmorintarsien und Balustraden wurden mit Gewalt aus ihren ursprünglichen Orten ge-

SALITA PONTECORVO
ÖFFNUNGSZEITEN: TÄGLICH VON 10-16 UHR

rissen, um dann im Mäander des Antiquitätenschwarzmarkts zu verschwinden. Viele Säulen und Kapitelle – einige davon aus der griechisch-römischen Antike – sowie zahlreiche Engel und Putten gingen zu Bruch, als unerfahrene Diebe sie entwenden wollten. Fachleute bemerkten jedoch, dass die Objekte nicht immer mit brachialer Gewalt geraubt worden waren: In manchen Fällen waren ganze Altäre fachgerecht auseinandergebaut worden. Es hätte gereicht – so die Experten –, einfach bei den kompetentesten Restauratoren der Stadt vorbeizuschauen. So hätte man sicherlich manch altehrwürdige Marmorbalustrade in den geheimen Ecken der Werkstatt wiederfinden können. Aber es passierte nichts. Und bis heute weiß keiner, warum. Absurderweise waren die Täter, die für den Kunstraub verantwortlich waren, und die Restauratoren, an die sich die Denkmalbehörde wenden musste, vermutlich dieselben Personen …

Derzeit gibt es etwa 200 Kirchen, die geschlossen wurden, um sie vor der Ausplünderung zu schützen. San Giuseppe delle Scalze, errichtet 1619, ist ein gutes Beispiel, um das Ausmaß der Zerstörung in Augenschein zu nehmen. Im Jahr 1619 erwarben die Theresianerinnen vom Adelsgeschlecht der Spinelli deren aristokratischen Palast. Zwischen 1643 und 1660 wurde das

Bauwerk durch Cosimo Fanzago (1591–1678), den Star-Architekten des neapolitanischen Barock, erweitert. Die Heiligenstatuen von Petrus von Alcántara, Teresa von Ávila und Joseph in den drei Nischen der Fassaden beeindrucken nach wie vor. Unter ihnen befindet sich allerdings ein Baugerüst. Die Kirche wurde nicht säkularisiert. Aufgrund des starken Verfalls wurde der Gottesdienst eingestellt. Im Viertel aber erinnern sich noch einige, wie sie dort ihre erste Kommunion empfangen haben.

Gleichzeitig stellt der Ort ein besonders wertvolles Beispiel dar, wie – allen Plünderungen zum Trotz – partizipative Kulturarbeit gelingen kann. Mittlerweile hat die Stadt Neapel das sakrale Bauwerk gegen eine geringfügige Miete in die Obhut des privaten Architekturvereins Archintorno gegeben, der in Führungen die Geschichte des Ortes wieder lebendig macht. In den Siebzigern soll eine obdachlos gewordene Familie das Gebäude eigenmächtig besetzt haben. Zwischen den Treppenaufgängen wurde die Wäscheleine gespannt. Und der Vorraum zwischen dem Eingang und dem Hauptschiff wurde als Parkplatz benutzt. 1980 brachte das Erdbeben das Dach mit der bemalten Decke zum Einsturz. Jahrelang war die Basilika der Witterung schutzlos ausgeliefert, und niemand kümmerte sich um die vielen kostbaren Fragmente der Decke, die beinahe pulverisiert auf dem Boden lagen und nach und nach verloren gingen. Eine Orgie der Ausplünderung begann. 1993 wurde schließlich der sakrale Bau konsolidiert und bekam ein neues Dach. Aber weil vermutlich die Gelder nicht reichten, blieb die Kirche ohne Decke. Der Anblick des nackten Innenraums des Kirchenschiffs durch das Loch unter dem Dach ist einer der Höhepunkte des Besuchs.

Zu der Kirche gehören auch Räumlichkeiten des ehemaligen Konvents, die für kulturelle Aktivitäten wie kostenlose Workshops für Kinder und Jugendliche in Musik, Theater und Malerei genutzt werden. In San Giuseppe delle Scalze finden übrigens auch Gegenwartskunstausstellungen statt. Vor allem im Monat Mai, wenn die Gemeinde Neapel die Veranstaltungsreihe *maggio dei monumenti* (Mai der Baudenkmäler) organisiert, gibt es hier Führungen und kulturelle Events. Mein Tipp sind die Konzerte der *Scalzabanda*, einer putzigen Kapelle von Kindern und Jugendlichen im Alter zwischen 5 und 15 Jahren. Das Bildungsprojekt involviert Kinder aus unterschiedlichen Stadtvierteln, mit dem Ziel, durch die Musik soziale Unterschiede zu überwinden.

Die Krönung des Besuchs: der Panoramablick vom Dach auf die Gassen der Altstadt, mit Vesuv und Meer im Hintergrund. In einer Ecke des Dachplateaus hängen eine kleine und eine große Glocke. Wer frech genug ist, kann am Glockenseil ziehen und die bronzenen Klangkörper zum Schwingen bringen. Das ganze Viertel hört mit.

31

U-BAHN-LINIE 2 BIS MONTESANTO

Salumeria Russo. Eine Heldengeschichte

Seit 28 Jahren bedient Salvatore Russo die Kunden in seinem Lebensmittelladen. Davor schnitten sein Vater und sein Großvater hinter der Theke Salami für die Bewohner der Pignasecca. Die lange Gasse, die von der Piazza Carità zum U-Bahnhof Montesanto führt, ist mehr als der brodelnde Bauch von Neapel. Sie ist ein Bazar und ein großflächiger, lauter, bunter Markt unter freiem Himmel. Gemüse- und Fischläden, Bekleidungs-, Schuhe- und Haushaltswarengeschäfte – mit einem Wort: Alle legen ihre Ware direkt auf der Straße aus. Das Aroma von frischem Brot und frittierten Leckerbissen mischt sich mit dem penetranten Geruch der Fische

PIAZZA PIGNASECCA 1

TIPP

BEIM HONORARKONSULAT IN NEAPEL ODER BEI DER DEUTSCHEN BOTSCHAFT IN ROM KANN MAN DEN ADDIOPIZZO-STADTPLAN BESTELLEN, IN DEM 250 SCHUTZGELDFREIE GESCHÄFTE VERZEICHNET WERDEN.

und Krustentiere, die in runden Wasserwannen liegen und auf ihr Schicksal warten. »Die Bürgersteige sind verschwunden, wer hat sie jemals gesehen?«, schrieb schon 1886 Matilde Serao, Journalistin und Gründerin der Tageszeitung *Il Mattino*. Und Giuseppe Marotta, der Autor des vielgerühmten Romans *Das Gold von Neapel*, verglich die Pignasecca mit einem Zug, der einen sofort mitnimmt. Dabei bezog er sich sowohl auf die betörende, einnehmende Stimmung als auch auf den permanenten Menschenfluss, der von der U-Bahn und der *Funicolare*, der Seilbahn, in Richtung Zentrum oder zurück läuft.

Die *Salumeria* unterscheidet sich von den anderen Geschäften, weil sie keine Auslagen auf der Straße hat. Dafür sind die Schaufenster vollgestellt mit Konservengläsern, Olivenölflaschen und Trockenobst. Wenn man in den Laden tritt, sieht man zunächst niemanden, so angefüllt mit Waren ist der kleine Raum. Bis zur Decke stehen auf den Regalen Pastapackungen und Gläser mit getrockneten Tomaten und in Olivenöl eingelegten Auberginen.

»Was nehmen Sie heute?«, hinter dem Schlaraffenland, das auf der Glastheke ausliegt, ist die Stimme des Inhabers zu hören. Ich muss zwischen dem eingeschweißten Schafskäse und den Brotlaiben hindurchschielen, um den Blick seiner leuchtenden nussfarbenen Augen zu finden. Freundlich erkundigt er sich, ob mein Mann den Schinken gemocht hat, und empfiehlt mir heute den laktosefreien Ricotta-Käse. Auch an die Vorlieben und kleinen Wehwehchen der Kunden erinnert er sich stets. Wir haben Salvatore aber nicht nur ins Herz geschlossen, weil er fabelhafte Produkte aus Kampanien und der Basilikata verkauft und überaus freundlich und zuvorkommend ist – Salvatore ist einer der unsichtbaren Helden meiner Stadt, die tagtäglich zähen Widerstand gegen die organisierte Kriminalität leisten. Es erfordert den Mut eines Giganten, ausgerechnet im Viertel Montesanto, dem Hauptquartier der Camorra, kein Schutzgeld (*pizzo*) zu zahlen. Die Salumeria gehört zum Verein Addiopizzo. Wenn man hier für den kleinen wie den großen Hunger einkauft, kann man sich sicher sein, nicht ungewollt ein Geschäft zu unterstützen, das Geldwäsche betreibt. Vor allem aber hat man einen wichtigen Beitrag dazu geleistet, eine gesunde Wirtschaft zu fördern.

32

U-BAHN-LINIE 1 BIS STATION MUSEO

Die Bibliothek im Archäologischen Nationalmuseum

VIA MUSEO
BESUCH NUR AUF ANFRAGE UND NACH SCHRIFTLICHER ANMELDUNG

TIPP

DIE STIMMUNG DER BIBLIOTHEK WIRD IN EINEM VIDEO EINER LESUNG AUS WINCKELMANNS WERKEN EINGEFANGEN. ABZURUFEN ÜBER DIE WEBSEITE DES GOETHE-INSTITUTS NEAPEL: HTTPS://WWW.GOETHE.DE/INS/IT/DE/STA/NEA.HTML

Vor der Treppe des Nationalmuseums stehen tagtäglich dutzende Reisebusse. Die Luft ist von Abgasen geschwängert. Stimmen, Geschwätz, Schulklassen, Familien. In langen Schlangen warten sie vor dem Museumseingang, um die berühmtesten Werke der antiken Kunst, die Mosaiken und Fresken aus Pompeji oder die erhabenen Statuen der Farnese-Sammlung sehen zu dürfen.
Nur die wenigsten wissen, dass hinter der verblichenen roten Museumsfassade auch eine wertvolle Bibliothek mit einem Schwerpunkt auf archäologische Forschung untergebracht ist. Schon der Jugendstil-Fahrstuhl aus Holz und Glas, der den Besucher zu den Büros und der

Büchersammlung befördert, ist so schön altmodisch, dass man sich ein Jahrhundert zurückversetzt fühlt. Ein langer, vom kalten Licht der Neonröhre beleuchteter Flur führt an den Büros und der Direktion vorbei zu den kostbaren Büchern.

Entstanden im 19. Jahrhundert, umfasst die Bibliothek ca. 40 000 Bücher. Einige davon stammen aus privaten Sammlungen, z.B. der von Caroline Murat, der Frau von Joachim, der 1808–1815 in Neapel regierte, oder aus den reichhaltigen Beständen der vielen, in der napoleonischen Zeit aufgelösten Kloster. Etwa 5000 Exemplare stammen aus der Zeit zwischen dem 16. und dem 19. Jahrhundert.

Im Lesesaal kann man die bestellten Bücher auf einem Tisch mit Linoleum-Oberfläche in Augenschein nehmen, umgeben von Regalen voller antiker Bände der Altertumswissenschaft. Während der schönen Jahreszeit stehen die Fenster weit offen, gedämpft drängt das Dröhnen des Autoverkehrs herauf. Beim Lesen blickt man immer wieder auf die Kuppel der gegenüberliegenden Galleria Vittorio Emanuele, die *galleria poverella* genannt wird, die Galerie der Armen.

Ein Teil der Sammlung besteht aus Reisebeschreibungen und Reisebüchern aus der Zeit der Grand Tour. Es gibt scharfsinnige Berichte, z.B. über 31 Reiserouten durch Italien, zu Fuß, zu

Pferd oder per Kutsche, oder die Originalbeschreibungen der Vesuvausbrüche aus dem Jahr 1660. In einem Holzregal im Büro der Bibliotheksdirektorin das Geschenk des Deutschen Kaisers: 12 Bände, jeder 77 cm hoch: *Denkmäler aus Aegypten und Aethiopien* von Karl Richard Lepsius. Zurück im Lesesaal, vertieft man sich in die Lektüre, und hin und wieder ertappt man sich bei dem Gedanken an eine Welt ohne Internet und Handy.

33

Die neue Grand Tour. Auf den Spuren von Elena Ferrante

Elena Ferrante verdankt Neapel ihren Ruhm. Oder ist es umgekehrt? Für Leseratten und eingefleischte Fans der rätselhaften Autorin besteht kein Zweifel. Dank des großen Erfolgs der Tetralogie *Meine geniale Freundin* kommen jetzt mehr Touristen nach Neapel. Und wenn demnächst die gleichnamige Serie ausgestrahlt wird, rechnet man mit einem regelrechten Boom. Vor allem amerikanische Touristen, die zuvor nie und nimmer einen Fuß nach Neapel gesetzt hätten, unterbrechen ihren Urlaub im goldenen Feriendomizil auf der Insel Capri oder im idyllischen Sorrent, um zumindest einen Tag auf den Spuren der Saga-Heldinnen zu wandeln.

WWW.PROGETTOMUSEO.COM

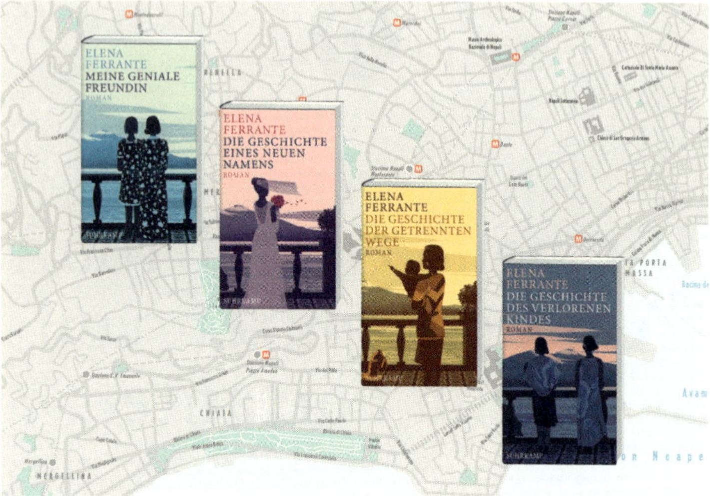

Der Kulturverein Progetto Museo bietet einen Stadtrundgang zu den Schlüsselorten der Familiensaga. Die Führungen sind mittlerweile so beliebt, dass einige sogar wagen, von einer neuen Form der Grand Tour zu sprechen. Ähnlich den Bildungsreisen im 18. Jahrhundert, als die kultivierte Aristokratie auf den Spuren der Klassiker – Vergils beispielsweise – nach Süditalien reiste, leitet auch im 21. Jahrhundert ein literarischer Blick die Entdeckung Neapels: Man möchte die Schauplätze sehen, an denen Ferrantes Romane spielen.

Wie Millionen anderer Leser hat auch die Kunsthistorikerin Caterina De Vivo die Familiensaga verschlungen. Für sie war es ein Kinderspiel, einen reizvollen Spaziergang zusammenzustellen. Die draufgängerische Lila und die introvertierte Lenù verbringen ihre Kindheit im *Rione*, einem Viertel am Stadtrand. Obwohl es im Roman nie eindeutig definiert wird, haben viele in den Schilderungen Ferrantes Hinweise auf den Rione Luzzatti im östlichen Teil der Stadt erkennen wollen. Wenn man aber nur einen Tag in Neapel verbringt, empfiehlt Caterina lieber die Führung durch die Innenstadt.

Sie ist besonders empfehlenswert, wenn man die Romane von Elena Ferrante gelesen hat und zum ersten Mal nach Neapel reist. Während der Tour besucht man nicht nur die Schauplätze der Romansaga, nach dem Motto »hier war es, wo ...«. Man lernt auch die wichtigsten Orte und Sehenswürdigkeiten der Stadt kennen und ein Stück der Seele, der Probleme, der Diskurse, die meine Heimatstadt ausmachen.

Die Führung startet an der Università Federico II in der Via Mezzocannone, an den Brutstätten der Studentenrevolte. Der Weg durch die Via dei Tribunali führt zunächst in Richtung Via Duomo, der Straße der Brautmode. Eigentlich ersteht Lila ihr Brautkleid am Corso Umberto I, in einem Geschäft am Rettifilo, wie die große Verkehrsader früher genannt wurde. Mittlerweile aber ist die Via Duomo zum Zentrum der Brautmode avanciert. Später wandert man von der Via dei Tribunali in Richtung Port'Alba, wo die strebsame Lenù ihre ersten Bücher erwirbt. Die Straße der *bouquinistes* hat einen hohen symbolischen Wert. Mit den Büchern erkauft sie sich im Grunde die Emanzipation aus der Misere ihres Armenviertels. Über die lange Via Toledo erreicht man das Viertel Chiaia. Die Piazza dei Martiri ist Dreh- und Angelpunkt der Geschichte. Lenù und Lila beobachten hier elegant gekleidete Frauen, die am Arm ihrer distinguierten Männer stolzieren. An diesem Abend sehen sich die heranwachsenden Mädchen als das, was sie sind: Mädchen aus der Provinz. Während sie davon träumen, wie die feinen *signore* zu flanieren, zetteln ihre Freunde eine Schlägerei an. Später wird die Piazza dei Martiri zum Sinnbild des gescheiterten sozialen Aufstiegs der Familie Carracci. Der Rundgang endet an der Piazza Vittoria, direkt an der Uferpromenade. Ein Blick auf das Castel dell'Ovo: noch eine Reminiszenz an den Roman. Hier sehen Lenù und Lila zum ersten Mal das Meer – im Alter von dreizehn Jahren! Denn die Aussicht auf die blaue Bucht können nur die Schönen und Reichen aus den mondänen Vierteln Chiaia oder Posillipo genießen. *Il mare non bagna Napoli* ist ein bekanntes geflügeltes Wort nach der gleichnamigen Novelle der Autorin Anna Maria Ortese: Wer in den finsteren Gassen lebt, weiß nicht einmal, dass Neapel am Meer liegt. Für ihn ist die leuchtende See nur ein Wort. Bestenfalls ein vager Traum.

Zum Schluss des Rundgangs stelle ich Caterina die 1-Million-Dollar-Frage: Wer ist denn nun Elena Ferrante?! Caterina seufzt, dann breitet sie die Arme aus und sagt mit einem Lächeln: »Ganz klar, Lenù ist Elena Ferrante!« Wer auch immer meint, er hätte das Geheimnis der Identität der Autorin gelüftet – die neapolitanischen Leser interessieren sich für journalistische Enthüllungen überhaupt nicht!

34

U-BAHN-LINIE 1 BIS UNIVERSITÀ

Ich bin die Sirene. Ein Brunnen und ein Symbol

Zahlreich sind die historischen Brunnen Neapels, zum Beispiel Pietro Berninis *Fontana del Gigante* an der Uferpromenade oder der Neptunbrunnen, der »Wandernde«, der in fünf Jahrhunderten mindestens acht Mal an immer neuen Stellen platziert wurde (heute auf der Piazza Municipio). Der kleine Brunnen der Spinacorona steht dagegen schon seit mindestens 1498 immer an derselben Stelle, aber kaum einer nimmt Notiz davon. Zu unscheinbar ist die kleine Seitenstraße des Corso Umberto I, wo tagsüber Studenten und Professoren zu der nahe gelegenen Universität, die Geschäftsleute zum Wirtschaftszentrum an der Piazza Borsa eilen.

VIA GIUSEPPINA GUACCI NOBILE

TIPPS

DIE CA. 50 CM HOHE STATUE IST EINE KOPIE AUS DEM 20. JAHRHUNDERT. DAS ORIGINAL BEFINDET SICH IM STADTMUSEUM SAN MARTINO.

EINE DER FRÜHSTEN FRESKODARSTELLUNGEN EINES HERMAPHRODITEN HÄNGT IM ARCHÄOLOGISCHEN NATIONALMUSEUM. EIN SATYR LUPFT DAS LAKEN EINER NACKTEN SCHÖNEN – UND WENDET SICH IN GRAUSEN AB.

Sein Sujet ist jedoch keineswegs unbedeutend: Das Wasser strömt in zwei Fontänen aus den Brüsten der Sirene Parthenope – daher der wenig feinsinnige Beiname *fontana delle zizze* (»Tittenbrunnen« – ich kann nichts dafür!). Die Stadtgründerin löscht mit der lebensspendenden Milch ihrer Brust die todbringenden Flammen des Vesuvs. Die Skulptur aus der Renaissancezeit zeigt nach Ovids Darstellung die spätere Meerjungfrau noch mit gefiederten Beinen und Vogelkrallen.

Nicht umsonst ist das Mädchen mit dem Fischschwanz oder dem Vogelkörper Neapels Emblem, Metapher für das Oben und Unten einer einmaligen Kulturlandschaft: Auf der Erde bezaubern der leuchtende Meerbusen und die schönen Hügel Posillipo und Vomero. Unter der Erde brodeln vulkanische Kräfte und es wuchern in finsteren Mäandern die unzähligen Tunnel und Katakomben, in denen früher uralte Kulte zelebriert wurden. Der Mythologie zufolge suchen die Sirenen nach Proserpina, die von Pluto, dem Gott der Totenwelt, entführt wurde. Von den Göttern wünschten sie sich – so Ovid – Flügel, um »über den Wasserfluten« schweben und Ausschau nach der Tochter der Ceres halten zu können.

Die Sirene, ein Symbol des Abseitigen, des Geheimnisvollen, der Doppelnatur meiner Stadt.

Der Oberkörper betört mit seiner Wärme und Sinnlichkeit. Der Unterleib – *uccello* oder *pesce* – ist im Volksmund eine Umschreibung für das männliche Geschlechtsteil.

Und ist der *femminiello*, der Transvestit und / oder Transsexuelle, dem wir als Figur bereits im Spanischen Viertel begegnet sind, nicht auch eine Personifizierung des Sirenenkörpers? Oben Frau, unten Mann. Ist es ein Zufall, dass sich die Umgebung des Brunnens nachts in einen Straßenstrich verwandelt? In den einschlägigen Seitengassen des Corso Umberto I warten die »Sirenen« nicht mehr am Straßenrand, sondern zeitgemäß im Smart-Kleinwagen. Und es ist nicht immer sicher, was sich unter ihren Röcken verbirgt ...

Porta Capuana, Mercato

35

U-BAHN-LINIE 1 BIS STATION GARIBALDI ODER DUOMO (AB 2019)

Caravaggio lebt. Die sieben Werke der Barmherzigkeit

PIO MONTE DELLA MISERICORDIA
VIA DEI TRIBUNALI 253

WWW.PIOMONTEDELLAMISERICORDIA.IT

TIPPS

FÜR DIE KATHOLIKEN UNTER DEN LESERN: PÜNKTLICH UM 9.30 UHR BEGINNT DER GOTTESDIENST. VOR DEM KUNSTWERK NEBEN EIN PAAR URNEAPOLITANISCHEN DAMEN ZU BETEN IST GROSSARTIG.

MITTAGESSEN IM RESTAURANT IL CERRIGLIO. CA. 20 MINUTEN ZU FUSS BIS ZUR PIAZZA BORSA. DIE HISTORISCHE GASTSTÄTTE, IN DER CARAVAGGIO VON DEN MÖRDERN ÜBERRASCHT WURDE. MENÜ AB 20 EURO, GARANTIERT OHNE KILLER.

Neapel, 1607: In einem Wirtshaus unweit des Hafens greifen eines Nachts zwei Auftragsmörder einen Mann an. Sie zwingen ihn, ihnen nach draußen zu folgen. In der finsteren Gasse schlagen sie mit Gewalt auf ihn ein, er wehrt sich. In der Dunkelheit blitzt eine Messerklinge auf. Das Opfer wird schwer am Gesicht verletzt, fällt zu Boden. Die Angreifer fliehen im Glauben, ihren verbrecherischen Auftrag ausgeführt zu haben. Nun liegt er da, den Kopf nach unten. Regungslos. Die eine Gesichtshälfte auf dem schmutzigen, feuchten Straßenboden: Michelangelo Merisi, genannt Caravaggio, der berühmteste Maler seiner Zeit, der Meister von Licht und Schat-

ten. In Rom hat er den Sprössling einer Adelsfamilie getötet, in Malta einen Ritter verletzt. Seitdem wird er von Killern verfolgt. In Neapel fertigt er drei außerordentliche Werke an, die weltweiten Ruhm erlangen: die *Geißelung Christi* (1607, Gemäldegalerie im Schloss Capodimonte), *Das Martyrium der heiligen Ursula* (1610, Gemäldegalerie im Palazzo Zevallos) und *Die Sieben Werke der Barmherzigkeit* im Auftrag der karitativen Einrichtung Pio Monte della Misericordia.

Wenn man heute vor der schmucklos edlen Gebäudefassade in der Via dei Tribunali steht, lässt nichts vermuten, dass sich im Inneren eine Kirche befindet. Der weltanschauliche, philanthropische Charakter des Pio Monte sollte in der Architektur widergespiegelt werden. Die Arkaden wurden geschaffen, um die Armen zu beherbergen, wie eine biblische Inschrift auf der Fassade signalisiert: *Fluent ad eum omnes gentes.* Alle Nationen werden zu ihm strömen – das hat sich mittlerweile bewahrheitet. Dieser Ort ist eine der wichtigsten Sehenswürdigkeiten der Stadt, die kein Besucher verpassen will.

Der Pio Monte wurde 1602 von einer Gruppe von Aristokraten gegründet, um den Notleidenden im Namen der christlichen Nächstenliebe verschiedene Hilfeleistungen anzubieten. Außer die Kranken zu pflegen, die Nackten zu kleiden, die Toten zu bestatten, die Hungrigen zu nähren, bestand eine Hauptaufgabe auch darin, Lösegeld für die Christen zu sammeln, die in Nordafrika in muslimische Gefangenschaft geraten waren (siehe nächstes Kapitel). Auch der achteckige Kirchengrundriss mit sieben unterschiedlichen Altären soll auf die Werke der Barmherzigkeit verweisen. Aber es ist vor allem Caravaggios Meisterwerk, das die guten Taten in einer einzigen Komposition verdichtet und dabei in unvergleichlicher Weise das Leben des neapolitanischen Volks Anfang des 17. Jahrhunderts darstellt. Es be-

sticht zum Beispiel die Gestalt der Tochter, die ihren Vater im Kerker mit ihrer weißen Brust stillt. Ist sie eine fromme Tochter oder eine Prostituierte, die ihrem Freier einen Extradienst anbietet? Ein halbnackter Mann liegt auf der Straße. Teilt Martin mit dem gefiederten Hut den Mantel mit ihm oder will er ihn gerade schlagen? Von oben beobachtet eine junge Gottesmutter neugierig das Geschehen in der Straße.
Schon kurz nach Caravaggios Tod, der im Sommer 1610 im toskanischen Porto Ercole vermutlich von Herzversagen oder Malaria verursacht wurde, war dieses Gemälde so berühmt, dass die Bruderschaft einen zukunftsträchtigen Beschluss traf: Das Kunstwerk durfte niemals verlegt oder verkauft werden. Daran halten die Neapolitaner auch nach 400 Jahren noch fest. Als 2015 der Kulturminister das grandiose Bild für die Expo nach Mailand bringen wollte, hagelte es Protest von allen Seiten. Der Minister war gezwungen, seinen Plan zurückzunehmen. Im Museum ist in der ersten Etage in einer Glasvitrine der Originaltext des Beschlusses aus dem Jahr 1614 ausgestellt. In derselben Vitrine wird ein weiteres kostbares, handgeschriebenes Dokument aufbewahrt. Es bescheinigt, dass am 9. Januar 1607 Caravaggio den Betrag von 370 Dukaten als Honorar für das besagte Altargemälde bekam. Eine ungeheuer hohe Summe damals, wenn man bedenkt, dass ein wohlhabender Funktionär 30 Dukaten monatlich verdiente. Ein Hinweis auf den Erfolg des Meisters.
Später ertappt man sich auf dem Rückweg durch die Via dei Tribunali dabei, in den Gesichtern der Passanten die vom Leben gezeichneten Antlitze von Caravaggios Gestalten wiederzuerkennen. Erinnert der bärtige Mann, der neugierig aus der Tür eines Ladens schaut, nicht an den Mann mit der Fackel? Und wer ist das Mädchen, das auf dem Balkon eines verwitterten Hauses weiße Wäsche aufhängt, wenn nicht die Heilige Jungfrau, die im Gemälde das Geschehen in der Gasse beobachtet?

36

U-BAHN-LINIE 1 BIS MUSEO; LINIE 2 BIS CAVOUR

Cartastorie und das historische Archiv Banco di Napoli

Am 6. Oktober 1606 veranlasst der Kaufmann Niccolò Radulovich eine große Zahlung zugunsten von Caravaggio. 200 Dukaten als Vorschuss für die Fertigung einer Altartafel für seine Familienkapelle im apulischen Polignano a Mare. Die Information stammt aus den Registern der Banco di Napoli. Es ist – halten Sie sich fest! – das größte Bankarchiv der Welt! In 336 dunklen Räumen wurden im Palazzo Ricca und im Palazzo Como von 1573 bis Anfang des 20. Jahrhunderts sämtliche Bankbelege aufbewahrt. 17 Millionen Namen, tausende und abertausende Bankgeschäfte aus acht verschiedenen Kreditinstituten. In hohen, meterlangen

VIA DEI TRIBUNALI 213
WWW.ILCARTASTORIE.IT

51 a 5 Cassa ...

1990 ... Vincenzo ... ducati ... e per esso ...

1010 ... Franc.o Marchese ducati quattro ... e per esso a Bartolomeo ...

1830 ... Nicola Mar... ducati ... e per esso al ... Franc.o ...

1639 ... Gio. Carbino ... ducati ...

2012 ... Giuseppe Mel... ducati ... e per esso a ...

942 ... Franc.o ... ducati quattro # 4. 4 ...

1933 ... Franc.o e Nicola Durante ducati duecentoventiquattro e per esso ... Cesare ... di Palermo Gio. Casati ... del 28 luglio ... havuto contanti dal ... e per esso a Dom.co Copp...

... Ant. e Gio. ... per esso a Gios.e ... a Nicola Cortale ...

... fra Dom.co Maria Colantonio ducati diecenove # 9 ... Serafino di Sessa ... e per esso al P. D. Flaminio ... in nome del Cellerario del Convento di S. Pietro ... Olivetani, e detto pagamento lo fa per ordine del ... Dom.co ... e sono a comp.to di ducati quarantasei ... 35 ... canne quarantadue di ferrandina ... contanti, e per esso a Gio. B.a Campolotti ...

... Carlo ducati dieci, e per esso al ... Cesare ...

... Anna Paoli ... come ...

Regalen liegen unzählige Wälzer mit ledernem Einband. Man hat nachgerechnet: Mit diesen sorgfältig archivierten Dokumenten könnte man 80 Kilometer Autobahn pflastern!

Als das Bankwesen im 16. Jahrhundert noch in den Kinderschuhen steckte, konnte die Verwendungszweckzeile bei Ein- und Auszahlungen auch schon mal drei DIN-A4-Seiten lang sein. Penibel entnahmen die Funktionäre den Quittungen Informationen und verzeichneten in einem Register per Hand, warum und zu welchem Zwecke ein bestimmter Betrag eingenommen oder ausgezahlt wurde. Die Quittungen wurden dann auf eine Schnur aufgezogen und wie eine lange Papierwurst an die Decke gehängt, damit sie nicht zum Fraß der Mäuse werden konnten. Die Zeugnisse sind für die geschichtswissenschaftliche Forschung unbeschreiblich wertvoll. Man erfährt nicht nur vieles über die Gewohnheiten und Sitten der letzten 500 Jahre, auch wird plötzlich Licht auf bestimmte Ereignisse geworfen, neue Informationen treten zutage, Geheimnisse werden gelüftet. Oder auch nicht ...

Bislang war das Archiv für Menschen wie Sie und mich Terra incognita. Nur wenige Geistes- und Geschichtswissenschaftler kannten die Institution als Goldgrube für ihre Forschung. Vor kurzem aber ist in den Räumlichkeiten der Bankstiftung ein kleines Museum eröffnet worden. *Cartastorie* – die Geschichten aus Papier sollen dem großen Publikum zugänglich gemacht werden. Der Museumsleiter Sergio Riolo und ein ganzes Team von Autoren haben sich buchstäblich die Rosinen herausgepickt: Sie haben die kuriosesten, mysteriösesten und schrecklichsten Episoden der Stadtgeschichte literarisch verarbeitet und aus der Sicht einer erfundenen Randfigur nacherzählt. Auch in englischer Sprache. Dank multimedialer Installationen unternimmt der Besucher eine faszinierende Zeitreise in die Hauptstadt des Königreichs beider Sizilien im 17. und 18. Jahrhundert.

Da ist zum Beispiel der Fürst und Madrigalist Carlo Gesualdo, der seine Frau Maria D'Avalos mit Geschenken überhäuft, wie die Quittung über 10 Dukaten für ein Heiligenbildchen belegt. Ahnte er da schon, dass Maria einen heimlichen Geliebten hatte? Jedenfalls entlässt er ihre vertrauten Bediensteten (Abfindung 11,80 Dukaten), bevor er 1590, blind vor Eifersucht, sie und ihren Geliebten ermordet. Oder Gennaro, genannt Tibet, Faktotum beim Fürsten und Alchemisten Raimondo di Sangro, der 1753 mit von der Partie ist, als der Bildhauer Giuseppe Sanmartino seinem Auftraggeber die nun berühmt gewordene Plastik des »verhüllten Leichnams Christi« übergibt und 500 Dukaten dafür ausbezahlt bekommt. Und was hat es mit der *Pala Radulovich* auf sich? Die Existenz der Altartafel umgibt ein großes Rätsel. Handelt es sich um Caravaggios Rosenkranzmadonna im Kunsthistorischen Museum zu Wien? Die umstrittene Hypothese wurde mittlerweile von Fachleuten widerlegt. Im Bankregister aus dem Jahr 1606 ist festgehalten, dass der Vorschuss von 200 Dukaten an Caravaggio für die Fertigung eines 13 Spannen (also ca. 2,60 m) hohen Gemäldes dienen sollte: die Heilige Jungfrau umgeben von Engeln, angebetet von den beiden Heiligen Nikolaus und Vito. Doch wo ist das Meisterwerk abgeblieben? Ist es verschollen? Zerstückelt und verkauft? Zerstört worden? Oder konnte Caravaggio, der noch mit der Ausführung der *Sieben Werke der Barmherzigkeit* beschäftigt war, das Werk gar nicht in Angriff nehmen, weil ihn zuvor der Tod ereilte? Man muss sich mit der Wahrheit der Moritaten der *cartastorie* (von *cantastorie*, Bänkelsänger) zufriedengeben: Piera, eine junge Frau von betörender Schönheit, erzählt von der zufälligen Begegnung mit dem verruchten Künstler, als dieser in der Bank des Sant'Eligio gerade den vereinbarten Zuschuss entgegennimmt und verschwindet.

37

U-BAHN-LINIE 1 ODER LINIE 2 BIS PIAZZA GARIBALDI

Schmelztiegel mit Schirmpinien: Porta Capuana

Die Schirmpinie gehört zu Neapel wie der Parmesankäse zu den Spaghetti. Weltberühmt ist die Ansichtspostkarte von der blauen Bucht mit dem Vesuv und der Pinie im Vordergrund (siehe Kapitel 10). Ganz unterwartet entdeckt man die Mittelmeerkiefer aber auch in der Altstadt. Meistens nimmt man von den wenigen Bäumen im *centro storico* kaum Notiz. Die Wucht der Baudenkmäler und die morbiden Gebäudefassaden lenken zu sehr ab. Und dann tut das lebendige Chaos Neapels – der Straßenlärm, der Autoverkehr und »die immerwährende Bewegung der Massen« (Gregorovius) – das Übrige. Zum Beispiel an der Porta Capuana. Vor und hinter dem

PIAZZA ENRICO DE NICOLA

TIPP

KUNSTAUSSTELLUNGEN BIETET DAS KULTURZENTRUM MADE IN CLOISTER IM EHEMALIGEN DOMINIKANERKLOSTER SANTA CATERINA A FORMIELLO AN. SEHR SEHENSWERT. WWW.MADEINCLOISTER.IT

mächtigen Stadttor erhebt sich eine Reihe von dürren Schirmpinien. Sie wurden in den 50er Jahren gepflanzt, worüber sich mancher Kunsthistoriker noch heute aufregt – die Baumkronen würden die Sicht auf eines der wenigen noch erhaltenen Baudenkmäler aus der Renaissancezeit verdecken: Das Stadttor wurde vom toskanischen Bildhauer Giuliano da Maiano 1484 errichtet. Durch dieses Tor hielt 1535 Karl V., der Kaiser des Heiligen Reichs, in dem die Sonne nie unterging, seinen triumphalen Einzug in die Stadt.

Den Einwohnern des Viertels sind die schattenspendenden Kiefern dagegen sehr lieb. Besonders während der schönen Jahreszeit, wenn die Sonne senkrecht steht. Porta Capuana ist ein sozialer Brennpunkt und Schmelztiegel von Kulturen. »Hier ist immer das gleiche Inferno: die Geschäfte voller Waren und Verkehr, die unterschiedlichsten Leute. Ein Babel der Sprachen. Wer die Plebs in ihren Gewohnheiten, Tugenden und Lastern kennenlernen will, der soll hierherkommen!«, schrieb ein lokaler Journalist bereits 1847. Auch im 21. Jahrhundert ist diese Gegend ein Universaltheater des Lebens. Unter den Pinien findet jeden Tag ein improvisierter Flohmarkt statt. Nordafrikaner und Rumänen verkaufen abgewetzte Schuhe, Klamotten und andere Habseligkeiten, die sie vermutlich direkt

aus dem Müll herausgefischt haben. »Wer kauft denn solche Dinge?«, frage ich Elena de Filippo, Präsidentin der Kooperative Dedalus, die sich um die Integration von sozial schwachen Menschen kümmert. »Eigentlich ist dieser Trödelmarkt der Armen eher eine Tauschbörse. Nicht selten gibt es auch kleine Raufereien zwischen den Farbigen und jungen Einheimischen, die zeigen wollen, wer hier das Sagen hat.«
Im Schatten der Bäume verschnaufen auch Studenten auf Exkursion, und Touristenführungen machen Halt, um die angrenzende Basilika Santa Caterina a Formiello (16. Jahrhundert) oder den Votivaltar des heiligen Januarius (1708) zu bestaunen. Während die Statue von San Gaetano – der zweite Patron nach San Gennaro – verklärt die Augen nach oben richtet: *Mamma mia!*
Indes ertragen die Schirmpinien das geschäftige Treiben der Menschen und den unablässigen Autoverkehr mit stoischer Würde. Sie spenden allen ihren Schatten – für die Pinien sind eben alle Menschen gleich.

38

U-BAHN-LINIE 2 BIS PIAZZA CAVOUR ODER LINIE 1 BIS GARIBALDI

Ein Rosengarten

VIA CARDINALE GIROLAMO SERIPANDO

Eine schöne, aber schwierige Gegend – sagen die Neapolitaner aus den bürgerlichen Vierteln Vomero oder Chiaia, wenn es um die Via Carbonara und um das Areal rund um das Stadttor Porta Capuana geht.

Wenn man hier entlanggeht und auf die verblichenen Fassaden der Palazzi blickt, ertappt man sich bei einem verrückten Gedanken: Würde man mit einem riesigen Staubwedel über die herrschaftlichen Häuser streifen, würden sie in ihrem alten Glanz erstrahlen. In der Renaissance und der Barockzeit residierte in der Via Carbonara der Adel. Im Palazzo Caracciolo di Santobuono – heute ein Vier-Sterne-Hotel – stieg 1716 der Herzog von Elbeuf Em-

TIPP

DER BOTANISCHE GARTEN IN DER VIA FORIA 223. SELTENE PFLANZEN, KAKTEENWÄLDER UND EIN PALMENGARTEN AUF EINER FLÄCHE VON 12 HEKTAR.

manuel Maurice ab, der die verschüttete antike Stadt Herkulaneum ausgraben sollte. Gerade weil die Häuser in diesem Viertel so heruntergekommen sind, wird ausgerechnet hier, während ich diese Zeilen schreibe, die Verfilmung der Elena-Ferrante-Saga gedreht.

Zwischen den verfallenen Gebäuden vermutet niemand ein kleines Juwel wie den öffentlichen Garten San Giovanni a Carbonara. Nur die Anwohner kennen und lieben diesen *hortus conclusus*. Selbst für Neapolitaner ist er ein richtiger Geheimtipp! Kein Wunder, denn der Eingang verschwindet fast hinter dem Treppenaufgang der gleichnamigen Basilika – übrigens eines der wenigen und wichtigsten Zeugnisse aus dem Mittelalter (errichtet 1343). Man blickt auf ein paar schmutzige Stufen. Rechts daneben ist ein finsterer Laden, der sich als eine Autowaschanlage entpuppt. Ein beleibter Mann, der gerade dabei ist, in ein belegtes Brot zu beißen, stiert mich an. *Il giardino ...?*, frage ich. »Oben rechts«, erwidert er erleichtert. Gott sei Dank keine Kundin ...

Wegen seiner Rosenbüsche ist der Garten besonders im Monat Mai absolut sehenswert. Ein Triumph von duftenden Blüten: weiß, champagnerfarben und zartrosa. Auf 4500 Quadratmetern breitet sich der Rasen aus, durchkreuzt von kleinen Wegen, auf denen die Kinder Versteck spielen. Bequemer ist es, wenn man den Eingang, der auch barrierefrei ist, in der Via Pontenuovo / Traversa nimmt. Hinter einem winzigen Wald von Feigen- und Zitronenbäumen erhebt sich majestätisch die Kuppel der Kirche San Giovanni a Carbonara. Auf einem Sims schaut die weißmarmorne Figur irgendeines Helden auf die spielenden Kinder hinab. Im Schatten einer riesigen Tanne ist jemand in die Lektüre eines Buches vertieft, während auf den Terrassen der Nachbarhäuser hinter Palmen und Oleanderbäumen gerade das Mittagessen aufgetischt wird ...

39

U-BAHN-LINIE 1 BIS GARIBALDI

Konradin

BASILICA SANTUARIO DEL CARMINE MAGGIORE
PIAZZA DEL CARMINE

An einem Septembertag des Jahres 1943 drängt eine Gruppe von Nazis in die Basilica del Carmine ein. Der Vormarsch der Alliierten auf Neapel ist nicht mehr aufzuhalten, aber bevor sie Neapel verlassen, wollen die Deutschen die Gebeine eines berühmten Königs bergen und mit nach Deutschland nehmen. Seit Ende des 13. Jahrhunderts befindet sich das Grab von Konrad, dem Enkel von Friedrich II., in der Kirche an der Piazza Mercato. Der letzte Staufer hatte 1268 versucht, Süditalien von Karl von Anjou zurückzuerobern. Nach der Schlacht von Tagliacozzo in den Abruzzen gefangen genommen, wurde er zum Tode verurteilt und zusammen mit

seinem Cousin Ferdinand von Baden-Österreich auf der Piazza öffentlich enthauptet. Er war erst sechzehn Jahre alt. Das kurze Leben des Konradin hat seit dem Mittelalter die Phantasie zahlreicher Dichter und Künstler beflügelt. Dante Alighieri, Italiens größter Dichter, verewigte ihn in der *Göttlichen Komödie.*

Die Volkssage erzählt, dass seine Mutter Elisabeth von Bayern vergeblich versuchte, Gnade für ihn zu erwirken, indem sie eine stattliche Summe Lösegeld an Karl von Anjou zahlen wollte. Nach dem Tod des geliebten Sohns soll sie den Betrag den Karmelitern gespendet haben. Damit wurde eine kleine Andachtskapelle unweit vom Meer erweitert, wo schon seit Beginn des 13. Jahrhunderts die Bevölkerung eine schwarze byzantinische Madonna verehrte. Unter dem Altar der wundertätigen Ikone fand dann Konradin die letzte Ruhestätte.

Wie eng sind hier an der Piazza Mercato die Geschichte und der Volksglaube Neapels mit der Biographie eines deutschen Adelsgeschlechts verwoben! Vor der Kirche fand 1647 der Aufstand der Fisch- und Fruchthändler gegen die Spanier statt. Ihr Anführer Masaniello wurde im angrenzenden Kloster umgebracht. Und hier wurden 1799 auch die Aufständischen der gescheiterten bürgerlichen Revolution exekutiert.

Die Gottesmutter des Karmels ist neben San Gennaro die meistverehrte Heilige Süditaliens. Menschen jeden Alters und Geschlechts kommen hierher, um die dunkelhäutige Madonna anzuflehen. Damals wie heute stiften die Gläubigen stilisierte Schildchen aus Silber mit Darstellungen von Armen und Augen, Brüsten und Bäuchen für die empfangene Gnade, die Genesung von einer schweren Krankheit.

1847 gab der Kronprinz Maximilian II. von Bayern dem dänischen Bildhauer Bertel Thorvaldsen den Auftrag, ein Mahnmal zu Ehren Konradins – des Trägers der deutschen Nationalidee – anzufertigen. So wurden die Gebeine des mittlerweile zu einer nahezu mythologischen Gestalt avancierten jungen Helden in dem Statuensockel beigesetzt. Im Hauptschiff schaut Konradin von oben auf die Gläubigen herab. Auf der gegenüberliegenden Kirchenseite salutiert dem deutschen König die Statue des Erzengels Michael, der gerade den hässlichen Teufel besiegt. Als die Nazis die Inschrift mit der Widmung des bayrischen Königs lasen, missverstanden sie die italienische Übersetzung. Sie zerstörten das Eisengitter und schlugen die Grabplatte entzwei in der Überzeugung, dass die sterblichen Reste des erlauchten Knaben hinter der Statue (*dietro*) liegen mussten. Sie kamen nicht auf die Idee, *dentro*, d.h. *im* Sockel zu suchen. Und Pater Elia Allevi hütete sich davor, sie auf ihren Denkfehler hinzuweisen. So verließen sie das Kirchengebäude ergebnislos. Die Neapolitaner erklären sich das Ereignis damit, dass Konradin eben in Neapel bleiben wollte.

Materdei, Sanità, Capodimonte

40

U-BAHN-LINIE 1 BIS MATERDEI

Gegenwartskunst in der Casa Morra

PALAZZO CASSANO AYERBO D'ARAGONA
SALITA SAN RAFFAELE 20 C
HTTP://WWW.FONDAZIONEMORRA.ORG/IT/CASA-MORRA-HOME

TIPPS

DAS MUSEO NITSCH, EINE UMFANGREICHE SCHAU ÜBER DAS »ORGIEN-MYSTERIEN-THEATER« DES WIENER AKTIONSKÜNSTLERS. VICO LUNGO PONTECORVO 29 D.

EX-OPG (ABKÜRZUNG FÜR *OSPEDALE PSICHIATRICO GIUDIZIARIO*), BESETZTES KULTURZENTRUM IN DER VIA MATTEO RENATO IMBRIANI 218. INSTALLATIONEN UND PERFORMANCES.

Aus dem Flugzeugfenster sah Giuseppe Morra eines Tages plötzlich ein verlassenes Kloster am Hang, mitten in Neapel, und er wusste sofort: Das sollte seins werden! Seit geraumer Zeit suchte Morra für seine hochkarätige Kunstsammlung nach einem geeigneten Ort. Giuseppe Morra ist international bekannt für seinen immensen Fundus, in dem die wichtigsten Werke und Zeugnisse der Avantgarde – von Fluxus, Living Theatre bis zum Wiener Aktionismus und visueller Poesie – vertreten sind.
Eigentlich kann man nicht behaupten, dass es ihm an Raum gefehlt hätte: 2005 hatte er in der Altstadt sein viel beachtetes Museo Hermann Nitsch gegründet

(siehe Tipp). Aber ihm schwebte ein neues Konzept für einen Ausstellungsort zeitgenössischer Kunst vor, der zugleich Archiv, Forschungsstätte und Raum für Experimente sein sollte. Gesagt, getan: Der 4200 Quadratmeter große, leerstehende Palazzo Ayerbo D'Aragona wurde erworben, und der Kunstmäzen startete eine ambitionierte Kernsanierung, die derzeit noch parallel zur Ausstellungstätigkeit läuft.

Die Casa Morra befindet sich mitten im Viertel Materdei, das für seine Mischung aus imposanten, bürgerlichen Häusern und finsteren Gassen bekannt ist. Schon von der Salita San Raffaele kommend, hört man die Betonmischmaschine sich leise drehen, und noch bevor man durch das offene Tor in den Innenhof getreten ist, riecht die Luft nach Persilfrische, weil Morras Nachbarin gerade die übliche omnipräsente geblümte Wäsche auf die Leine gehängt hat.

Sehenswert ist die Casa Morra schon allein wegen des monumentalen, beinahe gotisch anmutenden Treppenhauses. Unter den schmucklosen Kreuzrippengewölben des ehemaligen Nonnenklosters atmet ein gewisses sakrales Etwas. In der ersten Etage angelangt, wird man von jungen, freundlichen Vestalinnen in Empfang genommen, die in den bisher zugänglichen Teil der Sammlung führen: Zeichnungen und Skizzen von Marcel Duchamp, Werke von John Cage und von Shozo Shimamoto, des Gründers der Gutai-Gruppe. Bei einem schrill bemalten Häuschen aus einer Aktion von Allan Kaprow kann ich mich verewigen, wie mich die Wegweiserin informiert, indem ich Farbe auf die Rigipswände spritze – wie viele andere vor mir. In einer Ecke stehen benutzte Farbtöpfe.

Morra selbst definiert sein Privatmuseum als ein *archivio totale*. Denn im Falle einiger Künstlerinnen und Künstler besitzt er buchstäblich alles, was jemals von ihnen produziert wurde. Seit Jahren pilgern deswegen Professoren und Studenten, Kuratoren wie Museumsleiter zu ihm, um sich Originalwerke oder ephemere Zeugnisse von Performances aus den 70er Jahren anzuschauen. Die Casa Morra ist auch der Spiegel des Lebens eines großzügigen Kunstförderers. Beispielsweise war Morra bei jeder Aktion von Herrmann Nitsch dabei. Und das seit 1972!

Um den Dimensionen dieser Sammlung gerecht zu werden, hat Morra nach dem Muster des Gänsespiels nichts weniger als einen hundertjährigen Ausstellungsplan entworfen. Nach der Alchemie der Schicksalzahlen 3 und 7 soll jedes Jahr drei neuen Künstlern ein Saal für sieben Jahre gewidmet werden. 2017 sind die Räume mit Objekten von Julian Beck, Shozo Shimamoto und Hermann Nitsch eröffnet worden. 2018 folgen G. Paolini, Luca Maria Patella und Vettor Pisani, und so geht es immer weiter, bis das ferne 2116 (!) erreicht ist. Peppe lacht beim Anblick meiner besorgten, gerunzelten Stirn, während ich versuche, den Parcours der Linien und Verweise auf dem bunten Faltplan des »Gänsespiels« zu entziffern. »*È un gioco!* – Es ist ja nur ein Spiel.« 100 Jahre ist im Sinne der Unendlichkeit zu verstehen wie tausend und eins. In Morras Reich gelten keine Regeln. Nur das Spiel und die Kunst.

41

U-BAHN-LINIE 2 BIS CAVOUR

Gegen die Camorra. *La paranza* – das Schleppnetz der Kulturprojekte

Sanità, hier wird bzw. wurde man gesund: Im 18. Jahrhundert war der Rione Sanità Feriendomizil aristokratischer Familien, die das ungesunde Klima des dicht bevölkerten Zentrums verlassen wollten. Was für ein Gegensatz! Man fand hier üppige Natur, saubere Luft und klare Bäche, die von den Hügeln herunterplätscherten. Ob die Aristokraten damals wussten, dass sie ihre prächtigen Residenzen just auf einer antiken Nekropole bauten, wo die alten Griechen – die Gründer der Stadt – eindrückliche Fresken als letztes Geleit für ihre Lieben hinterlassen hatten?
Mit dem Bau der Brücke (1809), die die Via Toledo mit Capo-

NUOVO TEATRO SANITÀ:
PIAZZETTA SAN VINCENZO

TIPPS

INFOS ÜBER DIE KULTURAKTIVITÄTEN IM VIERTEL SANITÀ SIEHE: WWW.FONDAZIONESANGENNARO.ORG

WER EINEN BLICK HINTER DIE KULISSEN DER ADLIGEN RESIDENZEN WERFEN WILL, KANN DIE HAUSKONZERTE VON VIOLA BUFANO IM PALAZZO DELLO SPAGNUOLO BESUCHEN. ANMELDUNG ÜBER DIE FACEBOOKSEITE DER ASSOCIAZIONE BRODO.

dimonte verbindet, endete das ländliche Idyll auf einen Schlag. Aufgrund seiner abgeschiedenen Lage verkam das Gebiet zum ärmsten Viertel der Stadt und zur Hochburg des organisierten Verbrechens. Was sich bis heute gehalten hat. Immer wieder berichten die Medien über Schießereien und Familienfehden. Nachts rivalisieren kriminelle Banden um die Kontrolle des Drogenhandels, und es wird auf die Rollläden der Geschäfte geschossen, die sich geweigert haben, Schutzgeld zu zahlen.

Die Einwohner des Viertels sehen aber nicht tatenlos zu. Im Herzen dieses sozialen Brennpunkts sind seit einigen Jahren mehrere Kulturprojekte entstanden, die eine Wiedergeburt in Gang gesetzt haben. Die Camorra kann nur dort einen großen Einfluss haben, wo Arbeitslosigkeit und Unwissenheit groß sind, so ihr Motto. Den Anfang machte die Kooperative *La paranza*, indem sie Jugendliche zu Museumspädagogen ausbildete. Heute begleiten die kompetenten Ciceroni die Touristen in mehreren Sprachen durch die aus dem Tuffstein gehauenen Katakomben von San Gennaro und von San Gaudioso (2. Jahrhundert n. Chr.) und führen sogar ein eigenes B&B, die Casa del Monacone, im Kloster neben der Kirche Santa Maria della Sanità. Mittlerweile sind daraus richtige Arbeitsplätze entstanden, »mit unbefristeten Verträgen!«, berichten die jungen Kunsthistoriker bei den Führungen stolz. Und während auf der Piazza San Vincenzo schwerbewaffnete Soldaten mit ihrer Präsenz die Camorra in Schach halten sollen, bringen ein paar Straßen weiter Sterneköche und Foodblogger den *mamme della Sanità*, arbeitslosen Frauen, bei, wie sie sich als Leihköchinnen mit ihren traditionellen Rezepten selbstständig machen können. In der Zwischenzeit lernen ihre Kinder in kostenlosen Kochkursen, sich gesunde Pausenbrote zu schmieren. Mit *prodotti al chilometro zero*, lokalen Produkten.

Nicht wenige Jugendliche haben im von Mario Gelardi gegründeten Nuovo Teatro Sanità den Beruf des Schauspielers oder des Bühnenbildners gelernt. Mittlerweile ist das Teatro eine der interessantesten Off-Bühnen der Stadt. Ohne staatliche Förderung inszeniert es zeitgenössische Stücke italienischer Autoren. Unter den privaten Förderern ist der Bestsellerautor und Mafiaexperte Roberto Saviano (*Gomorrha. Reise in das Reich der Camorra*), der im überfüllten Theatersaal – übrigens einer ehemaligen Barockkirche – auch schon mal die Premiere seines neuesten Buches feiert. Für Reisende, die Italienisch verstehen, lohnt sich der Besuch des Theaters auch, um mit eigenen Augen zu sehen, wie gute Kulturarbeit ein Viertel wie Sanità verändern kann.

42

Eine Hymne an das Leben: Totò

Am 15. April 1967 läuteten plötzlich die Kirchenglocken im Rione Sanità. Jemand schrie: »Totò ist tot.« Eine unwirkliche Stille sank über die Stadt. So erinnern sich die Neapolitaner noch heute an den berühmten Schauspieler Antonio de Curtis, genannt Totò. Vom Volk verehrt, von der Filmkritik verhasst, die fast jeden seiner Filme beinahe mit Häme verriss, hat er wie niemand zuvor die Schwächen des italienischen Charakters treffend auf die Leinwand gebracht. Bereits 1963 gingen seine Witze in den Atlas der italienischen Sprache ein. Die Linguisten stellten fest, er habe die Tradition des volkstümlichen Theaters – von den Farcen der Antike bis zu den Dialektstücken der Commedia dell'Arte – in die italienische Sprache buchstäblich über-setzt. Noch heute kann jeder, der am Fuße des Vesuvs wohnt, Totòs Bonmots auswendig, z.B. aus dem Film *La Malafemmina* (*Die böse Frau*), als er und sein Bruder (gespielt von Peppino De Filippo) als süditalienische Dorftrottel vor dem Mailänder Dom stehen und versuchen, sich radebrechend mit einem norditalienischen Polizisten zu verständigen.

Mittlerweile nimmt Totò in der lokalen Ahnengalerie den gleichen Status ein wie der Stadtpatron San Gennaro. Unzählige Legenden kursieren über ihn. Obwohl er in Rom lebte, glaubten viele, er würde sich nachts

durch die Gassen von Sanità schleichen und, einem modernen Nikolaus gleich, bedürftigen Familien einen Zehntausend-Lire-Schein unter die Wohnungstür schieben.

Sein schiefes Kinn steht für die schiefe Lage des Lebens, ist Symbol für die soziale Ungerechtigkeit: die Kluft zwischen Arm und Reich. *Miseria e nobiltà* – Armut und Adel ist nicht nur der Titel einer famosen Komödie, in der er oft spielte. Vielmehr stellen Armut und Adel die beiden Pole des »Universums Neapel« dar. Das Armenviertel Sanità einerseits und Chiaia-Posillipo der Reichen auf der anderen Seite. In seinen Rollen hat Totò in einfacher, aber nie simpler Weise komplexe philosophische Gedanken so auf den Punkt gebracht, dass jeder über die Misere des menschlichen Lebens Tränen lacht. Seine Figuren sind kleine, aber überaus witzige Betrüger. Deswegen wird er oft mit Buster Keaton und Charlie Chaplin verglichen.

In seinem Gedicht *'A livella* (die Spachtel / Waage) treffen eines Nachts auf dem Friedhof zwei Geister aufeinander: ein Graf und ein Straßenkehrer. Hochnäsig und eingebildet beschwert sich der Erste, dass es aus dem Grab seines Nachbarn, des armen Straßenkehrers, bis zum Himmel stinkt. Der zweite Geist kann nur den Kopf schütteln, er konfrontiert ihn mit einer schrecklichen wie schlichten Tatsache: Er kann tun und sagen, was er will, sie sind gestorben, und somit ist jeder Konflikt hinfällig. Erst *im* Tod sind alle Menschen gleich. Adel und Armut sind nichts anderes als eine Maskerade. Darum, so Antonio de Curtis, darf man nichts ernst nehmen. Nur der Tod hat das Recht, ernst zu sein.

Vielleicht ist es kein Zufall, dass ausgerechnet Totò sich zeit seines Lebens mit diesem existentiellen Thema beschäftigte. Unweit von dem Haus, in dem er geboren wurde, befinden sich antike Nekropolen und Höhlen, die dem Kult der Toten geweiht sind. Zu spät, erst nach seiner letzten, melancholischen Rolle in Pier Paolo Pasolinis Film *Uccellacci e uccellini,* erkannte die nationale Filmkritik de Curtis' immenses Talent. Das haben die Neapolitaner den gemeinen Kritikern nie verziehen. Damals war »ihr« Totò schon erblindet. Kurz darauf starb er.

43

Ein Tag in Capodimonte

GEMÄLDEGALERIE, SCHLOSS UND PARK
VIA MIANO 2
SHUTTLE VON PIAZZA TRIESTE E TRENTO UND PIAZZA DANTE
TÄGLICH AUSSER MITTWOCHS
WWW.MUSEOCAPODIMONTE.BENICULTURALI.IT

GEHEIMTIPP

DER *GIARDINO TORRE*, EIN OBSTGARTEN AM ÄUSSERSTEN ENDE DER ANLAGE. IM TURMGEBÄUDE BEFINDET SICH EIN STEINOFEN, IN DEM ANGEBLICH PIZZA MARGHERITA FÜR DIE KÖNIGIN GEBACKEN WURDE.

An seinem ersten Arbeitstag ging der neue Museumsleiter von Capodimonte durch den Park, um sich ein Bild der Lage zu machen, als er plötzlich eine alte Dame erspähte, die vergeblich versuchte, einem seltenen Lorbeerbaum mit ihrem Regenschirm einen buschigen Zweig zu entreißen. »Signora!«, entfuhr es dem Chef der Parkanlage verärgert, »Haben Sie etwa vor, eine Tomatensoße zuzubereiten?« »Ja«, antwortete die Greisin spitz, »aber stehen Sie jetzt nicht so doof rum und helfen Sie mir!« Wie frech, dachte der Direktor. Trotz des Ärgers verstand er auf Anhieb, dass für die Menschen, die rund um den Park leben, Capodimonte ein Stück Zuhause ist. Sie verbrin-

gen dort ihre Freizeit, als ob es sich um den eigenen Garten handeln würde. Die schmerzliche Schattenseite: Immer wieder beklagen sich die besser erzogenen Neapolitaner über den mangelnden Respekt ihrer Mitbürger gegenüber den öffentlichen Flächen. Jahrelang haben Gruppen von Jugendlichen den schönen Rasen vor dem Schloss als Fußballfeld missbraucht. Großfamilien beim Picknick verunstalteten die gepflegten Blumenbeete. Ließ deswegen schon König Karl von Bourbon, der das Anwesen ein Jahr nach seiner Amtseinführung 1735 erworben hatte, die Anlage mit einer hohen Mauer schützen?

Il bosco di Capodimonte ist der größte Park der Stadt, Neapels grüne Lunge. Er erstreckt sich über 134 Hektar und beherbergt mehr als 400 verschiedene Baum- und Pflanzengattungen. Im Königspalast (erbaut 1738) ist eine der schönsten Gemäldegalerien Italiens untergebracht. Die hochkarätige Sammlung zeigt einige der wichtigsten Werke von Tizian, Raffael, Caravaggio und Botticelli. Durch die luxuriösen Räume wie den Ballsaal und die pompejischen Alkoven, in denen Porzellan, Waffen und antike Möbel zu bewundern sind, gelangt man zur Sammlung zeitgenössischer Kunst. Ein Muss: der gelbes und grünes Feuer speiende Vesuv des Pop-Art-Künstlers Andy Warhol.

Seit zwei Jahren wird in Capodimonte an einem Masterplan gearbeitet. Fußballspielen und Betreten des Rasens vor dem Museum ist strengstens verboten. Dafür stehen im hinteren Teil des Parks einige Fußballfelder und Picknickwiesen zur Verfügung, von den Museumsleuten *praterie,* Prärie genannt. Durch die *Porta di Mezzo* (mittleres Tor) gelangt man in den eigentlichen Park. Geometrische Wege im Stil des 18. Jahrhunderts durchkreuzen den vorderen Teil des Waldes. Da das Gelände als Jagdrevier des Königs diente, baute man ein Kasino (*il casino della regina*), Ställe für Pferde und Kühe sowie einen Speicher für Essensvorräte und eine Kapelle. Die Gebäude, die nicht zu Verwaltungszwecken benutzt werden, können anlässlich von Sonderveranstaltungen besucht werden. Beim Spaziergang unter dichten Linden und Steineichen kann man sich dem Birdwatching widmen. Ein ganzes Volk von grünen Papageien liefert sich einen intensiven Wettbewerb gegen die hartnäckigen Spechte, während Falken und Adler den kleineren Vögeln das Leben schwermachen – zum großen Kummer der Gärtner, die stets auf der Hut sind und immer herbeieilen, um den schutzlosen gefiederten Wesen zu helfen. Die Liebhaber der Flora bevorzugen den *giardino dei principi* (Fürstengarten) wegen der schönen Magnolien- und Kamelienbäume und seltener Pflanzenarten wie dem dreihundertjährigen Kampferlorbeer und dem knapp 100 Jahre jüngeren *Eucalyptus camaldulensis*. Nicht verpassen: Hinter dem Museum liegt das Belvedere mit einer hervorragenden Aussicht über die Stadt und den Vomero-Hügel.

Wenn ich im angenehmen Schatten auf einer Bank sitze, versuche ich mir jedes Mal auszumalen, wie die Begegnung zwischen dem französischen, gebildeten Museumsleiter und der alten Frau aus dem Volk gewesen sein muss. Als sich der Erste in seiner Funktion vorstellte, fiel der Signora die Kinnlade runter. Sie erging sich in lauten Entschuldigungsparolen und lud ihn herzlich zu einer Pasta mit Tomatensoße ein.

Vomero

44

Gioacchino Rossini

VIA ANIELLO FALCONE
FUNICOLARE CENTRALE (PIAZZA FUGA)
ODER CHIAIA (CIMAROSA)

TIPP

DIE PRIVATSAMMLUNG IST NICHT ÖFFENTLICH ZUGÄNGLICH. ABER MAN KANN SICH MIT EINER E-MAIL AN DEN SAMMLER WENDEN: ELLEBORO25@LIBERO.IT.

London, März 2004: Sotheby's veröffentlicht die Liste der Exponate. Paris: In einem Antiquitätengeschäft greift eine weibliche Hand nach dem Telefonhörer. In einer Wohnung im Viertel Vomero in Neapel klingelt es. Vom Meer her weht eine leichte Brise durch die Gardinen. Die Fenster sind geöffnet und geben den Blick frei auf das Panorama der Bucht. Die Luft ist weich und warm. »Rossinis Kulturbeutel wird versteigert!«, sagt die Antiquarin.

»Sie wissen, dass Sie *carte blanche* haben ...«, antwortet der Sammler und legt sofort wieder auf.

Sergio Ragni ist der wichtigste Rossini-Sammler der Welt! Seit seinem sechzehnten Lebensjahr

sammelt er Manuskripte, Möbel, Musikinstrumente und alles, was zu Lebzeiten des Belcanto-Komponisten produziert wurde.
Mittlerweile besitzt er eine Privatsammlung von unschätzbarem Wert. So außerordentlich die Exponate, so bescheiden wirkt der Hausherr. Sobald die Panzertür der Wohnung aufgeht, lächelt uns ein jovialer Herr in weinrotem Pulli entgegen. Wer hat behauptet, dass Reinkarnation Unfug ist? Der sollte bitte schön sofort hierherreisen und Herrn Ragni vor der Steinbüste des großen Opernkomponisten sehen. Die gleiche Nase, die gleichen Augen ... *incredibile* ... Ich fasse es nicht!
Über die Wohnungstür kommt man direkt in ein Arbeitszimmer. Die Wände verschwinden hinter den vielen Bildern, Gemälden und Stichen: eine Darstellung des Theater San Carlo aus dem späten 18. Jahrhundert, mehrere Porträts von Isabella Colbran, Sopranistin und erste Frau von Rossini. Es folgen rechter Hand zwei Säle, die alles, »fast alles«, verbessert mich Herr Ragni, enthalten, was jemals zu Ehren von Rossini produziert wurde: Medaillons, kleine und große Vasen, Plakate, sogar Fächer, auf denen das pausbäckige Antlitz des weltberühmten Musikers lächelt. Eine kleine Diele führt linker Hand ins Schlafzimmer des Hausherrn, der selbstverständlich nicht in einem IKEA-Bett

schläft. Das schöne Originalstück im Empire-Stil stammt aus Isabella Colbrans Villa in der Region Marche. Und auf der Kommode liegt ein schwarzes ledernes Heft: der Kulturbeutel Gioacchino Rossinis! Sergio Ragni öffnet ihn ehrfurchtsvoll und zählt die Objekte auf: eine Lesebrille, ein Kamm, eine Bürste, sogar einer der ersten Füller, die überhaupt produziert wurden. Damit schrieb der Maestro seine Musik. Ich darf das dünne Schreibgerät aus Elfenbein in die Hand nehmen. Später wird mir eine Glasvitrine gezeigt, in der auffälliger Schmuck aufbewahrt wird: das Brillantcollier und die Krone gehörten der berühmten französischen Mezzosopranistin Maria Malibran. Auf einem Schemel steht ein karmesinfarbenes Paar Schuhe aus weichem Samt. Die Diva Assoluta Maria Callas trug sie bei einer Inszenierung in der Scala im Jahr 1956. Erwartungsgemäß schmückt den Salon ein Flügel. Wie eine schüchterne Cenerentola steht indes in einer Ecke ein Sessel. Der senffarbene Bezug ist an manchen Stellen abgewetzt. Ein weißer Zettel warnt: *please don't sit*. Auf dem Holz ist eingraviert, dass – natürlich – Rossini hier gesessen hat.

Übrigens, der Kulturbeutel ging Herrn Ragni bei der Auktion durch die Lappen. Zunächst. Ein Antiquitätenhändler aus der Schweiz hatte ihn sich ergattert, rief aber sofort in Neapel an, um dem passionierten Sammler das 20 x 30 cm große Stück für den dreifachen Preis anzubieten. Was sollte nun ein »armer«, will heißen dem Rossini-Fieber ausgelieferter Sammler tun? Immer muss er den doppelten und dreifachen Preis bezahlen, seufzt der sympathische *signor* Ragni. Aber was kostet der Ruhm ...

45

Neapels Treppen: Il Petraio und die Pedamentina

Am 23. März 1902 steigt Paul Klee in der Pension Haase ab, einst an der Treppe des Petraio gelegen. Vor seinem Balkonfenster erscheint ihm die Innenstadt wie ein »bewegtes Gemenge von Flecken, Häuserflächen im Licht und Dunkel, weiße Straßen, ernstgrüne Parkstellen«.

Klees Herberge gibt es heute zwar nicht mehr, aber nach wie vor bietet die 503 Stufen lange Stiege am Petraio bezaubernde Ausblicke. Wenn man von der Piazza Fuga in Richtung Petraio läuft, entdeckt man zunächst ein Stück Neapel der Belle Époque. Eine Liberty-Stil-Villa reiht sich an die nächste in der Via Luigia Sanfelice und der Via Palizzi, zwei der edlen Adressen der

FUNICOLARE BIS CHIAIA, PIAZZA FUGA

56

Stadt. Hinter der prächtigen Villa Herta, wo zunächst (vor 1943) die Deutschen, dann (nach 1943) die Amerikaner mit ihrem Hauptquartier einzogen, erreicht man die Treppenstufen und ... plötzlich befindet man sich in einer anderen Dimension. Zitronen- und Kräutergärtchen, Balkönchen und Terrässchen, und selbst die Erdgeschosswohnungen verfügen hier über ein Panoramafenster!

Neben sanierten Häusern fallen auch verlassene, komplett verfallene Gebäude auf. Il Petraio gilt als eine Art neapolitanisches Montmartre. Vor allem Studenten und junge Familien ziehen hierher. Aufgrund der schweren Erreichbarkeit sind die Mieten günstiger als unten im Viertel Chiaia. Die Stufen sind grob mit Steinen gepflastert – daher der Name (*pietra*, d. h. Stein). Der Anstieg ist besonders mühsam. Die Einheimischen erkennt man sofort am leichtfüßigen Schritt, wenn sie einen flink überholen, kurz anlächeln und freundlich *buongiorno* sagen. Bleibt man plötzlich stehen, weil man sich des Weges unsicher ist, erscheint sofort eine Dame im Morgenmantel am Fenster einer Erdgeschosswohnung und hilft mit einer Wegbeschreibung. Draußen, neben dem Basilikumtopf, zwitschert ein Kanarienvogel im Käfig. Aus den hinteren Räumen hört man jemanden ein neapolitanisches Lied aus dem Radio mitsingen. Il Petraio ist ein kleines Dorf in der großen Metropole.

Die Treppen Neapels sind unzählig. Wie Falten und Furchen haben sie sich im Laufe der vielen Jahrhunderte im Gesicht der Stadt eingegraben. Jedes Viertel besitzt seine eigenen Stiegen, derer sich die Einheimischen vor allem auf dem Weg hinunter in die Stadt bedienen. Sie sind auf ehemaligen Pfaden bzw. getrockneten Bachläufen entstanden.

Bezaubernde Panorama-Ausblicke sind auch von der Pedamentina zu erspähen. 414 Stufen verbinden die Kartause von San Martino mit dem Corso Vittorio Emanuele (Höhe Montesanto). Sie wurde im Mittelalter angelegt, um die für den Bau des Klosters notwendigen Materialien zur Hügelspitze zu befördern. Vor etwa zehn Jahren galt die Stiege als gefährlicher Ort. Aufgrund des Zickzackverlaufs saßen an einigen versteckten Ecken Heroinsüchtige. Heute ist es zwar nicht mehr so, allerdings raten die Anwohner von einem Spaziergang in der Dunkelheit entschieden ab. Noch ein Tipp, damit Sie nicht *brutta figura* machen wie ich. Eines Tages ging ich mit Freunden die scheinbar verlassenen Stufen der Pedamentina hinab, als ich an einer Kurve einen herrlichen Rosmarinbusch sah. Daneben wuchsen Pfefferminz und Zitronenmelisse. Der Duft der wilden Kräuter war so betörend, dass wir nicht widerstehen konnten. »Was machen Sie denn da?«, rief unterwartet eine Stimme aus, während wir voller Hingabe mit dem Pflücken beschäftigt waren. Fünf Stufen über uns erschien ein Mann in kurzer Hose, der uns sehr böse anschaute. Natürlich war der Kräutergarten Privateigentum ...

46

U-BAHN-LINIE 1 BIS VANVITELLI

Villa Floridiana

Man schrieb den Sommer des Jahres 1815, als der Bourbonenkönig Ferdinand IV. ein repräsentatives Anwesen am Vomero-Hügel erwarb. Seine Absicht: einen Erholungsort für seine zweite Frau Lucia Migliaccio, Herzogin von Floridia zu schaffen. Eine schon existierende Villa wurde im neoklassizistischen Stil umgebaut und die Gärten mit Pinien, Platanen, Palmen und schattigen Hecken umgestaltet.

Nach 200 Jahren ist *La Floridiana* neben dem Park von Capodimonte (siehe Kapitel 43) der einzige öffentliche Park in der Innenstadt, der diesen Namen wirklich verdient. Zwar wächst hier der Rasen wegen der heißen, re-

VIA CIMAROSA 77
WWW.POLOMUSEALECAMPANIA.
BENICULTURALI.IT/INDEX.PHP/IL-MUSEO

genarmen Tage nicht so sattgrün wie in England, aber die Anlage ist wunderschön und bietet viele Möglichkeiten zum Ausruhen. Die Neapolitaner – besonders diejenigen, die im bürgerlichen Vomero-Viertel wohnen – lassen sich die Gelegenheit nie entgehen. Sobald der Frühling beginnt, werden in der Sonne die Decken ausgebreitet.

Der Park ist voller gewundener Wege. Sobald man durch das Tor mit den steinernen Löwen getreten ist, folgt man am besten den Pfeilen in Richtung »Caffetteria«. Man läuft zwischen Hecken und Bäumen. Im Schatten sitzen auf den Bänken nicht nur ältere Menschen in ihre Kreuzworträtsel vertieft. Auch junge Mütter mit ihren Kinderwägen sowie ausländische Bauarbeiter, die bei ihrer Mittagspause in ihr Panino mit Mortadellawurst beißen. Mitten im Park befindet sich die Villa, in der das Staatliche Porzellanmuseum Duca di Martina untergebracht ist. Übrigens eines der wichtigsten in Italien. Es beherbergt eine beachtliche, umfangreiche Sammlung, ca. 6000 Exponate aus Europa und Asien vom 12. bis zum 19. Jahrhundert. Wer sich für das Porzellan und für die Geschichte der deutsch-italienischen Beziehungen interessiert, kommt hier auf seine Kosten. Ein Geheimtipp: In der ersten Etage liegt in einer Vitrine – fast würde man sie wegen der Pracht und der Vielzahl der

Exponate übersehen – eine ganz besondere Tabakdose: *la tabacchiera degli eretici*. Auf dem Deckel sind die sechs Reformatoren abgebildet: Luther, Calvin, Erasmus von Rotterdam, Friedrich der Weise, Kurfürst von Sachsen, Wilhelm I., Fürst von Oranien und als einzige Frau Renata, Herzogin von Ferrara. Die Innenseite zeigt die Antlitze von sechs unermüdlichen katholischen Gegenreformatoren. War das Objekt ein Versuch, Italien und Deutschland, die katholische und evangelische Kirche in Einklang zu bringen? Man weiß es nicht. Man hat lediglich rekonstruieren können, dass die bemalte Porzellandose Mitte des 18. Jahrhunderts in der Toskana, und zwar in der Ginori-Manufaktur hergestellt wurde. Warum und wie sie nach Neapel gelang, ist vollkommen unbekannt.

Das große Highlight des Besuchs – Sie ahnen es – ist das Belvedere mit der Aussicht auf die Dachterrassen des noblen Viertels Chiaia und auf das Meer. Die meisten meiner Mitbürger bleiben jedoch ein paar Schritte vor dem Aussichtspunkt wie magnetisiert stehen. In einem Wasserbecken schwimmen Goldfische und zahlreiche Schildkröten jeder Größe. Kinder wie Erwachsene können sich an den putzigen, runzeligen Kreaturen – einige von ihnen sind so klein wie eine Feige – nie sattsehen.

Indes verstecken sich die Verliebten hinter den hohen Kamelien-Hecken. Wenn Sie ein verdächtiges Stöhnen hören ... ja ... dann ist das genau, was Sie gerade denken: der Frühling, die Natur, ach, *l'amore* ...

47

U-BAHN-LINIE 1 BIS VANVITELLI ODER FUNICOLARE

Klein und anmutig: die Stadtdarstellung der *Tavola Strozzi*

Immer wenn es ums heutige Neapel geht, ist auch die Rede von gestern. Wie das Leben in der Stadt früher war: in der Antike unter den Griechen wie den Römern und unter der fremden Herrschaft der Normannen, Anjou, Aragonesen, Spanier, Österreicher und *last but not least* der Piemontesen. Natürlich war früher immer alles besser, schöner, einfacher ...! Immer wieder werden – sowohl im Small Talk unter Freunden wie auch in öffentlichen Diskussionen – Neapels vertane Chancen thematisiert. Das Ölgemälde *Tavola Strozzi* aus dem Jahr 1472 versinnbildlicht wie kein anderes dieses Narrativ. Es zeigt die Zeit der Renaissance, als König Ferdinand von Aragón

MUSEO NAZIONALE DI SAN MARTINO
LARGO SAN MARTINO 5

über Neapel regierte. Für die lokalen Historiker der Höhepunkt einer kulturellen Blütezeit.
Eine Geschichte in der Geschichte: Erst 1901 wurde die kostbare Tafel im florentinischen Palazzo Strozzi (wieder-)entdeckt. Der Philosoph und Humanist Benedetto Croce, eine Koryphäe lokaler Geschichte, schrie »Sensation!« und interpretierte es – fehlerhaft – als Darstellung von Lorenzo de' Medicis Triumphzug in Neapel. Bald wurde diese Vermutung widerlegt. Das Renaissance-Bild zeigt die Rückkehr der aragonischen Flotte nach dem Sieg gegen das Haus Anjou 1465. Ein erhabener Augenblick: Die Boote kehren in den Hafen zurück. Die Pastellfarben lassen an die Morgendämmerung denken. Ein Vogelschwarm fliegt über das Neue Schloss, Castel Nuovo. Die Stadt ist vom Meer aus dargestellt. Deutlich zu erkennen sind der grüne Hügel des Vomero mit der Kartause San Martino, heute das Stadtmuseum – in dem die kostbare Renaissance-Holztafel aufbewahrt ist –, und dann das Kloster Santa Chiara und der Dom. Eine geordnete Polis, noch schlafend. Ruhig in sich gekehrt und durch die Stadtmauer geschützt. *Piccola e leggiadra* – klein und anmutig (Benedetto Croce). Der herrschenden Dynastie der Aragonesen war es gelungen – so die lokale Geschichtsschreibung –, den sozialen Frieden und das Wohlbefinden in allen gesellschaftlichen Schichten herzustellen. In Wahrheit hatte das aragonische Königshaus nicht wenig mit den korrupten Baronen zu kämpfen.
Aber der Neapolitaner seufzt voller Sehnsucht. 1492 endet diese goldene Ära abrupt. Für Süditalien beginnt eine Phase voller Kriege und Kalamitäten. 1503 lösen die Spanier die Aragonesen ab. Das Paradies zerfällt in Scherben. Neapel wird von einer eigenständigen Hauptstadt zu irgendeiner Provinz des habsburgischen Reichs degradiert. Die spanischen Vizekönige verwöhnen den selbstsüchtigen Adel mit Privilegien. Mit Steuerfreiheit locken sie viele Minderbemittelte aus den entfernteren Provinzen des Königreichs in die Stadt. Diese finden wiederum keine Anstellung, keine Arbeit, leben von den Almosen des Königshauses. Jeden Abend gibt der Kammerdiener ein Zeichen, und schon werden durch ein Loch die Essensreste der königlichen Tafel nach unten geworfen: *les entrailles*. Es entsteht die Plebs Neapels, im Volksmund *a zantraglia*. Und damit auch die Geburtsstunde eines Vorurteils, das Neapel nie mehr abschütteln wird: die Hafenmetropole des Lumpenprole-

tariats und der Schlawiner. Nicht einmal Goethe ist es mit seiner Schilderung der arbeitsamen Neapolitaner gelungen, diese überkommene Vorstellung zu widerlegen. Noch heute werden die Süditaliener oft pauschal als Taugenichtse angesehen.

Indes schauen die kultivierten Neapolitaner die *Tavola Strozzi* an und trauern ihrem Traum eines unwiederbringlich verlorenen Edens nach. Dazu passt dieses Bonmot: »Goethe sagte, Neapel ist ein Paradies. Benedetto Croce ergänzte: von Teufeln bewohnt.«

Fuoriporta: Ausflüge

48

Endstation Meer. Das Eisenbahnmuseum in Pietrarsa

WWW.MUSEOPIETRARSA.IT

Schon von Weitem erkennt man das klare Blau des Meeres, das zwischen den Ausstellungshallen des nationalen Eisenbahnmuseums bei San Giorgio a Cremano hindurchglitzert. Während wir durch die Bahnunterführung gehen, drängt der gutturale Gesang der Möwen zu uns. Oder sind es eher die Badenden, die an den nah gelegenen Stränden glücklich kreischen?

Die Neapolitaner sind sehr stolz auf das Museum in Pietrarsa, denn hier wurde Italiens erste Eisenbahnlinie eingeweiht: Im Oktober 1839 zogen zwei 37 Tonnen schwere Lokomotiven den Zug mit dem König und einer kleinen erlauchten Gesellschaft von Neapel zum Städtchen Por-

TIPP

VOM HAUPTBAHNHOF NEAPEL WERDEN FAHRTEN NACH PIETRARSA IN HISTORISCHEN ZÜGEN ANGEBOTEN. DIE FAHRKARTE IST IM MUSEUMSTICKET INBEGRIFFEN.

tici am Fuße des Vesuvs: 7,4 Kilometer in 10 Minuten.
2017 ist Italiens einziges Eisenbahnmuseum nach langer Renovierung wieder eröffnet worden. Portici war neben Neapel nicht nur einer der ersten Bahnhöfe Italiens, sondern auch das erste Eisenbahnwerk auf dem Stiefel. In den ehemaligen Produktionshallen stehen frühe Dampflokomotiven in Reih und Glied, eine davon ist eine Kopie des von Armand Joseph Bayard entworfenen Prototyps, das erste italienische Dampftriebfahrzeug. Eine Zeitreise auf 36 000 Quadratmetern: Ferdinand II. von Bourbon hatte leidenschaftlich den Fortschritt durch die Eisenbahn gefördert, um Süditalien auf internationalem Niveau konkurrenzfähig zu machen. Mit der nationalen Einheit 1861 verlor die industrielle Anlage ihre Bedeutung. Man gab der norditalienischen Wirtschaft den Vorzug. Die Königliche Bourbonische Fabrik wurde privatisiert, viele Arbeiter verloren ihre Stelle. Da half auch die Goldmedaille 1873 bei der Expo in Wien nichts mehr: Die beste Lok Europas hatte man hier, im kleinen Pietrarsa, gebaut! Aber die Fabrik warf keine Gewinne mehr ab, der Staat übernahm den Betrieb wieder und verwandelte ihn zu einer riesigen Reparaturwerkstatt für Züge.
In den weiteren Hallen sind Diesel- und Elektrolokomotiven vom

Anfang des 20. Jahrhunderts bis zur Gegenwart ausgestellt. Für Kinder wie Erwachsene ist es ein Vergnügen, durch die Loks zu wandern, in die Personenwagen einzusteigen und z. B. die Goldverzierungen des *treno reale*, des luxuriösen Wagens zu bewundern, mit dem Umberto II. und Marie José von Belgien auf Hochzeitsreise gingen.

Eine Schwarzweißfoto-Ausstellung begleitet die Rückschau durch die bewegte Geschichte der Halbinsel: Die Bahn beförderte nicht nur Familien, Pendler und Soldaten. Nach verheerenden Erdbeben auf Sizilien und im Friaul wurden Personenwagen zu Schulen und Wohnräumen umfunktioniert. Großformatige Fotos von Filmszenen mit Marcello Mastroianni und Totò runden schließlich das Bild einer aus den Trümmern zweier Weltkriege wachsenden Nation ab.

Filmreif ist auch die Kulisse. Man wandert zwischen den ehemaligen Produktionshallen direkt am Meer. Die blaue Insel Capri erscheint am Horizont, hinter uns die vier Meter hohe gusseiserne Statue des Bourbonenkönigs.

Als uns plötzlich im weißgoldenen Licht des Sommers der ausgedörrte Kegel des Vesuvs auffällt, der sich majestätisch hinter den Dächern der Museumshallen erhebt, leuchtet es uns auf einmal ein: Früher hieß das Städtchen *Pietra bianca*, weißer Stein. Es verglühte 1631 unter der Vulkanlava und wurde *arsa*, komplett ausgebrannt.

49

Die Nacht in Pompeji

»Nicht Schweigen, Stille / entströmt den Ruinen«, schrieb der Dichter Günter Kunert. Seltsamerweise überkommt viele Reisende beim Besuch der Ausgrabungen in Pompeji ein Gefühl der Geräuschlosigkeit und Einsamkeit. Wie vergessen erscheinen manchem die langen Schlangen vor den Kassen und die zahllosen Touristen aus aller Welt, sobald man vor den brüchigen Säulen des Forums steht und die in Gips gegossenen Opfer des Vesuvausbruchs betrachtet.
Dieser Eindruck des Alleinseins, des wortlosen Zwiegesprächs mit der Totenstadt ist besonders intensiv, wenn man die Ruinen nach Anbruch der Dunkelheit durchwandert.

WWW.POMPEIISITES.ORG

Auf einer Fläche von 66 Hektar stellt Pompeji einen vollständigen Abriss des antiken Lebens im Jahr 79 n. Chr. dar: vom Lustviertel über einfache Geschäfte bis hin zur Luxusvilla. Nach dem ärgerlichen Zusammensturz des Hauses der Gladiatoren hat das italienische Kulturministerium die Aufwertung der Ruinenstadt zur Chefsache gemacht. *Grande Progetto Pompei* bedeutet: Sanierung, Restaurierung von antiken Mauern und bemalten Flächen sowie Professionalisierung der musealen Dienste.

In den Sommermonaten werden nächtliche Rundgänge von der Porta Marina bis zum Forum und dem Apollotempel angeboten. Ein ausgeklügeltes Lichtsystem beleuchtet dramatisch die verschütteten Villen und Tempel. Knapp anderthalb Stunden dauert die Führung, aber man hat den Eindruck, die ganze Nacht auf dem Gelände des Weltkulturerbes verbracht zu haben. In der Via dell'Abbondanza, im Brotladen von Furius oder in der Domus von Triptolemus beschwören Schauspielerstimmen Leben und Arbeit der antiken Einwohner: Mit welchen Worten empfang die Matrone ihre Gäste? Was erzählten sich die Sklaven der Unternehmerin und Priesterin Eumachia? Zwar ist alles *fantasia*, Produkt der Dichtkunst mehrerer Autoren, und doch fühlt man sich wie diese fiktiven Frauen und Männer der antiken Stadt, wie sie mit Fackeln in der Hand durch die Nacht liefen. Beim Eintreten ins Macellum, der ehemaligen Markthalle, wirbeln die Füße Staub in die Luft. Und plötzlich wähnt man sich unter der Asche, die vom Vulkan herabregnete. Wieder und wieder stellt sich bei jeder Etappe dem Klick-Klack der Fotohandys zum Trotz ein seltsames Gefühl der Einsamkeit ein. Zum Schluss steht man am Venustempel, wo vor dem Vulkanausbruch die riesige Statue einer weiblichen Göttin die einlaufenden Schiffe grüßte. In den weiten Ebenen glimmen die Lichter des neuen Pompeji und von Castellammare. Schweigsam bahnt man sich den Weg zum Ausgang, vorbei an den Oleanderbäumen, vorbei an den Paaren, die unter den Laternen endlich ein gelungenes Selfie knipsen können.

50

Trentinara – Eine Terrasse über dem Nationalpark Cilento

Die Einwohner von Paestum mussten aufgrund der Plünderungen der Sarazenen im 9. Jahrhundert die Ebene verlassen. Sie zogen zu den Hügeln der nahegelegenen Bergkette und gründeten unter anderem das Städtchen Giungano. Andere zogen noch weiter bis zur höchsten Spitze des Bergs Cantenna. Schon zur Zeit der alten Römer stand hier ein Aquädukt, auf das dreißig Soldaten aufpassten, die dreißig Münzen als Besoldung bekamen. Oder war die römische Miliz dazu verdammt, dreißig Jahre in den Bergen auszuharren? Wie dem auch sei: Die Zahl 30 gab dem Bergdorf Trentinara seinen Namen. Und irgendwo in den Wäldern liegt

NATIONALPARK CILENTO
UND VALLO DI DIANA
WWW.TRENTINARA.NET

angeblich der Anführer der Sklavenrevolte Spartacus begraben, behauptet zumindest der Historiker Plutarch.

Wer für antike Geschichten nur ein Gähnen übrighat, dem empfehle ich die Eisdiele Polifemo, weniger wegen der Eiscreme als vielmehr wegen der Aussichtsterrasse, von der aus ein 180-Grad-Panorama über die Wälder und Küsten des Nationalparks Cilento und Vallo di Diano zu genießen ist. Das eine Auge des Riesen aus der Odyssee hätte nicht gereicht, um so viel Herrlichkeit aufzusaugen. An sonnigen Tagen, wenn der Nordwind die Farben der Landschaft noch intensiver als sonst leuchten lässt, kann man von hier aus nicht nur die drei berühmten griechischen Tempel von Paestum erkennen, der Blick reicht auch über den Golf von Salerno bis zu Capris Faraglioni.

Wem das Panorama zu statisch vorkommt, der kann sich an ein Drahtseil hängen und bäuchlings in 600 Meter Höhe anderthalb Kilometer über die grüne Ebene des Sele-Flusses fliegen. Die Gourmets stürzen sich dagegen lieber auf das wohlschmeckende Brot von Trentinara, angeblich das Beste der Gegend. Mitte August findet jedes Jahr ein Brotfestival, *la festa del pane* statt.

Ein paar Wochen davor und ein paar hundert Meter tiefer feiert das Dorf Giungano das Festival der *pizza cilentana*. Neben den knusprigen Fladen kann man in Hülle und Fülle allerlei Delikatessen des Cilento probieren: Feigen, Schafskäse und Büffelmozzarella. Nach solch lukullischem Schwelgen ist es dann mehr als angemessen, in einem noblen Landhaus zu nächtigen. In Domus Laeta wohnt Familie Aulisio seit 450 Jahren, wie antike Bände und Folianten in der Bibliothek des Hauses attestieren. Als Neapel unter den Vizekönigen litt, zogen sich Camilla Aulisios Vorfahren im Studium der Rechtswissenschaft und der Geographie hierher zurück und hinterließen eine ländliche Residenz wie im Bilderbuch. Gemälde und Schwarzweißfotos in Silberrahmen erzählen in den Salons die Geschichte der aristokratischen Familie. Die Gästezimmer verfügen über Aussichtsfenster und -balkone: dasselbe Panorama wie von Trentinaras Terrasse, nur 300 Meter tiefer. Und wenn beim Baden im Swimmingpool der kleine Hunger kommt, kann man im Garten des Hauses ein paar Trauben stibitzen. Die Ausilios und ihre Butler tun einfach, als hätten sie es nicht bemerkt. Und wenn Camilla Zeit hat, zaubert sie spontan – ganz in der Tradition der guten süditalienischen Küche – aus dreimal nichts einen köstlichen Aperitif.

51

BUS VON ANACAPRI ZUR BLAUEN GROTTE. AUSSTEIGEN BEI STATION PUNTA ARCIERA

Ein Wanderweg auf Capri

Alle wollen zur *piazzetta*, dem mondänen Zentrum des Insellebens, um neben den Stars und langbeinigen Models an einem Spritz zu nippen. Oder in der Blauen Grotte baden (was übrigens verboten ist, nur hält sich natürlich keiner an die Vorschrift). Wenige aber kennen die vielen Wanderwege, die unter mediterranen Pinien zu abgeschiedenen und atemberaubenden Aussichtspunkten führen. Eine besonders schöne Strecke liegt an der westlichen Seite der Insel: Il sentiero dei fortini, ein gewundener Wanderweg von ca. 6 km Länge führt entlang der Ruinen von vier Befestigungsanlagen, in etwa von der Blauen Grotte bis zum *faro,* dem Leuchtturm an der Landzunge Punta Carena.

Bei dieser Wanderstrecke lernt man eine wilde, ungezähmte Natur kennen, eine ganz andere Dimension Capris jenseits des Jetsets im Zentrum. Durch einen abschüssigen Weg unter Olivenbäumen gelangt man zu einem ungepflasterten, steinigen Pfad, der direkt zum ersten Fort, dem Fortino di Orrico führt. Nach der Sage sollen an dieser Stelle die ersten griechischen Siedler gestrandet sein, die von der gelben Wildblumenpracht so überwältigt wurden, dass sie der Bucht dem Namen *Orrico* – geblümtes Feld – gaben: bestimmt das Gelb der Ginster, die hier im Frühjahr blühen.

Entlang des Weges erklären mehrere Majolika-Tafeln Flora und Fauna der Insel: Wer Glück hat, kann einen Turmfalken erspähen oder die Delphine, die sich im Frühjahr wegen der warmen Strömungen in Richtung Ischia aufmachen (siehe Kapitel 52). 30 Meter über dem Meeresspiegel liegt eine halbrunde Befestigungsanlage; »die nutzlose Verteidigungslinie der Engländer gegen den Feldzug von Joachim Murat«, der mit seinen Truppen 1808 die Insel besetzte. Der Archäologe Amedeo Maiuri entdeckte, dass die Schießscharten der Füsiliere und die Treppen der Forts auf zerfallenen, antiken Ruinen gebaut worden waren. Streicht man mit der Hand über die groben Mauern, kann man zwischen den Backsteinen Lavasplitter entdecken. Die Römer verwendeten erkaltetes Magma als Baumaterial. Über das Fortino di Mesola an der Landspitze Punta Campitiello hat man Zeugnisse einer noch viel älteren Besiedlung gefunden: Reste von Waffen und Werkzeugen, die vorgeschichtliche Menschen an dieser Stelle zurückgelassen hatten. Und wussten Sie, dass es auf Capri sogar das Mammut gab?
Man kann sich das Leben der Inselureinwohner, die von Fischfang und Kräutern lebten, bildlich vorstellen.
Besonders im Winter überkommt einen an den schroffen, salzverkrusteten Felsen ein Gefühl totaler Einsamkeit. Nur »das uralte Wehn vom Meer« (Rilke) ist unser Begleiter. Unter Steineichen und Schirmpinien erreicht man dann Punta del pino, eine fjordartige Landzunge zwischen der Bucht Cala del Tombosiello und der Cala di Mezzo. Umgeben von Heidekraut und wildem Fenchel steigt man

hinab zu Badestellen, an denen man an milden Wintertagen sogar ins Wasser gehen kann.
Die letzte Etappe liegt an der Bucht des Limmo: das Fortino del cannone, wo die Engländer ein Kanonenrohr installiert hatten. Müde und durstig (apropos, Wasserflasche nicht vergessen!) gelangt man zur Punta Carena, wo man am Leuchtturm baden kann. In der Nachsaison darf man ruhig in Unterwäsche baden, falls man die Badehose zu Hause vergessen hat. Warum dann nicht ganz nackt? Von mir aus gern, es sei denn, Sie haben so viel Glück wie ich und treffen, gerade als Sie sich Ihrer Kleider entledigen wollen, einen Bürokollegen.

52

Pool mit Aussicht: Ischia

GIARDINI DI POSEIDON, VIA GIOVANNI MAZZELLA 338, FORIO

TIPPS

AM STRAND VON *CAVA SCURA* BADET MAN IN WASSERBECKEN, DIE VON DEN ALTEN RÖMERN IN DEN FELS GEHAUEN WURDEN.

SANDBADEN AM MARONTI-STRAND. ABER VORSICHT: AN MANCHEN (GUT GEKENNZEICHNETEN STELLEN) IST DER SAND 100 GRAD HEISS!

Eines Sommermorgens ging der schottische Schriftsteller Norman Douglas (1868–1952) am Strand von Ischia spazieren, als er plötzlich eine schauerliche Entdeckung machte: Auf dem schwarzen Sand lag der Kopf eines Menschen! Er konnte nur das Genick erkennen, ein abgewetztes Tuch versperrte ihm die Sicht des Oberkopfs. Ein paar Schritte weiter flickten die Fischer seelenruhig ihre Netze, während einige Kinder freudeschreiend mit den Wellen spielten. Die Menschen gingen an dem seltsam starren Haupt vorbei, ohne Notiz davon zu nehmen. Eine Halluzination? Zitternd vor Anspannung näherte sich Douglas dem Kopf und war

gerade dabei, das Tuch zu heben, als plötzlich der Sand bebte und aus dem feinen schwarzen Kies ein Mann auftauchte, sich schüttelte und ihn in perfektem Oxford-Englisch ansprach: Wie großartig wirken Sandbäder gegen Rheuma!
Hilft also Ischia gegen Ischias? Ja, definitiv aber nicht nur dagegen: In den zahlreichen Thermalanlagen der über 46 km² großen Insel kann man so ziemlich jede Krankheit auskurieren. Sogar Haarausfall und Liebeskummer. Unter den vielen Thermen stechen die Poseidon-Gärten im Ortsteil Forio hervor: ein auf sechs Hektar terrassenartig angelegter Park samt mehrerer Pools mit unterschiedlich temperiertem Thermalwasser; alle verfügen über eine Aussicht auf die Citara-Bucht. Die Anlage wurde in den 60er Jahren von einem deutschen Humanmediziner gegründet und später von der bayrischen Familie Staudinger übernommen. Die Ischitaner sprechen stets mit großem Respekt von *signora* Lucia Beringer, der dritten Tochter, die das Thermal- und Wellnessparadies leitet. Sie loben ihre professionelle Führung wie ihr überaus großes Engagement für den Umweltschutz und den Erhalt eines gesunden Ökosystems am Citara-Meerbusen. Frau Beringer achtet zum Beispiel darauf, dass keine Jachten in der Bucht Anker werfen, damit die Seegraswiesen der

Posidonia oceanica nicht beschädigt werden. Das sogenannte Neptungras ist für saubere, klare Gewässer unentbehrlich, denn es speichert doppelt so viel Kohlenstoffdioxid wie eine gleich große Fläche Regenwald. Deswegen rümpft hier niemand die Nase, wenn er bei einem Strandspaziergang über abgestorbene Algenblätter läuft.

Am Strand von Citara ist das Baden am schönsten: Die üppige Inselvegetation spiegelt sich in der Farbe der Wellen, die in smaragdgrünen Nuancen changieren. Deswegen wird Ischia *l'isola verde* genannt, die grüne Insel. Auch die Pflanzen profitieren von den unterirdischen salzigen oder alkalischen Heilquellen: Das Obst und das Gemüse aus Ischia schmeckt besonders aromatisch – und hilft gegen Ischias, Haarausfall und Liebeskummer. Garantiert.

BILDNACHWEIS

11 Acht Könige erzählen einen Witz
Vittorio Emanuele II., König von Sardinien-Piemont
Foto: Bildverlag Bahnmüller, imageBROKER, mauritius images, Mittenwald.

47 *Tavola Strozzi*
La Chartreuse Saint-Martin, Tavola Strozzi, Neapel
Foto: Andrea Jemolo, akg-images, Berlin.

Alle weiteren Fotos stammen von Maria Carmen Morese, Neapel.

REGISTER